조나단 에드워즈에게

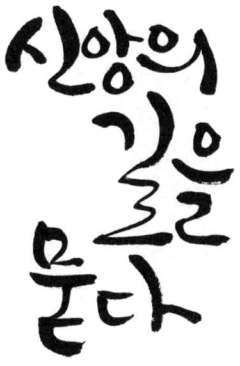
신앙의 길을 묻다

| 양우광 엮음 |

쿰란출판사

| 서 문 |

존 맥아더의 책들을 읽으면 참 많은 도전과 감동이 됩니다. 존 맥아더는 마틴 로이드 존스에게 영향을 받았다고 하였습니다. 그래서 마틴 로이드 존스의 책들을 읽었습니다. 그분의 책들을 읽으면서 참 신앙이 무엇인지, 바른 신앙이 무엇인지를 배웠습니다.

마틴 로이드 존스는 조나단 에드워즈를 통해 영향을 받았다고 하였습니다. 그래서 조나단 에드워즈의 책들을 읽기 시작했습니다. 조나단 에드워즈를 읽으면서 참 기쁘고 감사했습니다. 한 목회자가 이렇게 깊은 신학을 할 수 있다는 것에 먼저 존경심이 들었습니다.

조나단 에드워즈는 미국의 부흥에 많은 영향을 주었으며, 부흥이 온전히 하나님의 은혜 안에서 이루어지는지에 대해 깊은 고민을 하였습니다. 더 자세히 말하면, 부흥에 나타나는 영적·감정적 현상에 대하여 많은 이들이 반감을 표했고, 이들을 설득하기 위해 조나단 에드워즈는 부흥에 나타나는 성도들의 감정에 대하여 매우 깊은 연구를 하였습니다. 그래서인지 그의 글을 읽으면 그가 신학자이면서 동시에 심리학자는 아닌가 하는 생각마저 듭니다.

그의 책들을 읽으면서 그가 하나님의 말씀에 대하여 얼마나 깊이 연구하였는지를 알 수 있었습니다. 조나단 에드워즈의 명저 《하나님의 천지창조 목적》에 대해 존 파이퍼가 다시 각주를 달아 기록한 《존 파이퍼의 하나님의 영광을 위한 하나님의 열심》을 읽게 되었습니다. 그러면서 조나단 에드워즈의 신학의 중심이 바로 하나님의 영광이요, 하나님 이름의 영광이며, 기쁨의 신학이라는 사실을 알게 되었습니다.

존 파이퍼의 책을 읽고 '하나님의 영광'으로 주제를 정하여 책을 만들면 좋겠다는 생각이 들었습니다. 그 생각이 머릿속을 떠나지 않았습니다. 그래서 존 파이퍼의 《하나님의 영광을 위한 하나님의 열심》을 주 텍스트로 해서 '백문일답'을 만들어 보았습니다. 그리고 그 질문들에 심층 질문을 넣어서 조나단 에드워즈의 책들을 읽으면서 함께 나누고 싶었던, 그러면서 주제와 맞는 내용을 함께 넣어 질문과 답을 만들어 보았습니다.

천지 창조의 목적이 무엇인지, 인간이 창조된 목적은 무엇인지, 자연은 무엇을 드러내고 있는지, 무엇을 위해 인간이 살아야 하는지에 대한 모든 답이 '하나님의 영광을 위하여!'임을 알게 되었을 때, 저는 무엇보다도 기쁘고 감사한 마음이 들었습니다.

"내가 곧 길이요 진리요 생명이라" 말씀하신 주님의 말씀은 바로 이것을 두고 하신 것이라고 믿어졌습니다. 그리고 이 말씀들을 다른 분들과 나누고 싶은 기대가 생겼습니다.

책이 나오기까지 기도한 아내 혜숙과 아들 수환, 수인, 그리고 팔순을 맞이하신 어머님 최순재 권사님과 책 출판에 도움을 주시는 큰형님 양정택 님에게도 사랑을 보냅니다. 씨에라 비스타 한인연합장로교회의 모든 성도님들에게도 늘 감사한 마음입니다.

이 책을 통하여 '하나님의 영광을 위하여!' 사는 것이 성도의 가장 큰 기쁨이며, 이것이 하나님께 영광을 돌리는 것임을 함께 나누는 시간이 되었으면 합니다.

2016년 부활절에 즈음하여
애리조나 씨에라 비스타에서
양우광

| 차 례 |

서문 ··· 2
조나단 에드워즈의 삶을 통한 고난의 이해 ··· 12

제1장 하나님

1. 하나님께서 천지를 창조하신 목적은 무엇인가요? · **16**
2. 창조 사역의 가장 바람직한 모습은 무엇인가요? · **18**
3. 성경에서 '하나님의 이름'의 의미는 무엇인가요? · **19**
4. 만물이 존재하는 이유는 무엇인가요? · **20**
5. 하나님이 일반은총(자연계시)을 주시는 목적은 무엇인가요? · **21**
6. 하나님 자신을 위한 하나님의 행동은 무엇을 목적으로 합니까? · **23**
7. 하나님이 백성을 행복하게 하시는 목적은 무엇인가요? · **25**
8. 하나님의 백성을 선한 일에 열심 있는 백성으로 만드시는 목적은 무엇인가요? · **26**
9. 하나님의 백성을 지키시는 목적은 무엇인가요? · **29**
10. 하나님이 세상을 통치하시는 이유는 무엇인가요? · **30**
11. 하나님의 완전하심, 위대하심, 전능하심, 그리고 탁월하심은 무엇인가요? · **32**

제2장 **예수님**

12. 그리스도가 이 땅에 오신 목적은 무엇인가요? · **36**
13. 그리스도의 사역의 궁극적 목적은 무엇인가요? · **37**
14. 주님께서 십자가에서 죽으신 목적은 무엇인가요? · **38**
15. 주님의 이 땅에서의 마지막 날의 기도 내용은 무엇이었나요? · **39**
16. 주님을 십자가에 못 박은 백부장은 주님의 죽으심을 다 본 후 어떻게 행했습니까? · **41**
17. 그리스도는 그의 백성들에게 무엇이 되시나요? · **42**

제3장 **구원**

18. 하나님의 구속 사역의 목적은 무엇인가요? · **46**
19. 하나님은 환난에서 우리를 구원해 주심을 통하여 무엇을 원하셨습니까? · **48**
20. 하나님의 선하심과 자비와 구원의 목적은 무엇인가요? · **49**
21. 하나님이 이방인과 유대인 모두를 구원하시는 목적은 무엇인가요? · **51**
22. 구약에 나타난 하나님의 구속의 예언의 목적은 무엇인가요? · **52**
23. 우리 주 예수 그리스도의 구속의 위대한 목적은 무엇인가요? · **53**
24. 그리스도의 구속 역사의 목적은 무엇인가요? · **56**
25. 우리를 구원해 주신 목적은 무엇인가요? · **57**
26. 주님을 통한 구속 사역의 목적은 무엇인가요? · **59**

27. 하나님의 백성들에 대한 용서와 구원의 목적은 무엇인가요? · **61**
28. 고난 속에서 성도가 해야 할 일은 무엇인가요? · **62**
29. 인간 구원의 궁극적 목적은 무엇인가요? · **63**
30. 회개하지 않는 죄인에 대한 하나님의 진노와 십자가 구속의 은혜의 목적은 무엇인가요? · **65**
31. 죄를 용서해 주시는 것과 도움과 해방과 구원을 주시는 목적은 무엇인가요? · **67**
32. 구원받은 성도가 제일 먼저 해야 할 일은 무엇인가요? · **68**
33. 애굽과 바벨론에서 이스라엘을 구원하신 목적은 무엇인가요? · **69**
34. 바벨론 포로에서 구속하신 목적은 무엇인가요? · **71**
35. 모든 전쟁에서 이스라엘을 구원하신 목적은 무엇인가요? · **75**
36. 이스라엘이 가나안에 들어가게 되는 목적은 무엇인가요? · **76**

제4장 **복음**

37. 복음을 전하는 목적은 무엇인가요? · **80**
38. 복음은 믿는 자에게 무엇이 되나요? · **82**
39. 이방인들에게 복음을 전해야 하는 이유는 무엇인가요? · **83**

제5장 교회

40. 교회는 무엇을 목적으로 삼아야 하나요? · **86**
41. 하나님께서 예배를 만드신 목적은 무엇인가요? · **87**
42. 교회의 탁월한 행복의 목적은 무엇인가요? · **88**
43. 교회는 무엇을 전파해야 하나요? · **90**
44. 설교는 무엇으로 이끌어 가는 것인가요? · **91**

제6장 인간

45. 인간을 창조하신 목적은 무엇입니까? · **94**
46. 인간을 남자와 여자로 창조하신 목적은 무엇입니까? · **97**
47. 인간의 제일 되는 가장 높은 목적은 무엇인가요? · **98**
48. 고침 받은 이들은 고침을 받은 후 어떻게 행하였나요? · **101**
49. 우리가 삶의 가장 중요한 목적과 이유로 삼아야 하는 것은 무엇인가요? · **102**
50. 믿는 자들은 삶의 목적을 무엇에 두어야 하나요? · **103**
51. 우리는 하나님의 성실하심과 진실하심을 어떻게 찬양해야 하나요? · **105**
52. 성도들이 해야 할 의무는 무엇인가요? · **106**
53. 우리는 하나님이 행하신 놀라운 일(기적과 표적)들로 인하여 하나님께 어떻게 행해야 할까요? · **107**
54. 하나님의 심판은 하나님의 무엇을 드러내는 것인가요? · **109**

55. 예수 그리스도를 통하여 하나님께 무엇을 돌려야 하나요? · 110
56. 주님이 이 땅에서 하시는 일들을 통하여 이루고자 하셨던 것은
    무엇인가요? · 112
57. 예수님은 하나님의 약속을 의심하지 않고 믿었습니다.
    무엇을 위하여 그러셨나요? · 114
58. 우리는 하나님의 무엇을 위하여 죽을 수 있나요? · 115
59. 우리가 당하는 고난은 곧 무엇을 위한 고난인가요? · 116
60. 우리가 주님의 이름을 높이는 것은 곧 누구에게 영광을 돌리는
    것인가요? · 117
61. 우리의 삶에 있는 의의 열매는 결국 무엇을 위한 행위인가요? · 117
62. 모든 나라들이 무엇을 영화롭게 하는 일을 하게 될까요? · 118
63. 우리의 성실함은 결국 무엇을 위한 것인가요? · 120
64. 믿는 자들은 무엇을 찬양하여야 하나요? · 121
65. 하나님의 모든 축복은 무엇을 위하여 행하신 것인가요? · 122
66. 믿는 자들의 선행은 다른 사람들에게 무엇을 행하게 합니까? · 123
67. 믿음의 선진들은 누구에게 영광을 돌렸나요? · 125
68. 많은 이들이 누구에게 영광을 돌렸나요? · 127
69. 슬퍼하는 사람에게 기쁨과 즐거움, 그리고 행복을 주시는 목적은
    무엇인가요? · 129
70. 성도들이 선한 삶을 살아야 하는 목적은 무엇인가요? · 130
71. 회개와 성화의 삶을 사는 목적은 무엇인가요? · 131
72. 성도들의 신앙의 목적은 무엇인가요? · 133
73. 인간의 의무는 무엇인가요? · 134

제7장 기도

74. 기도할 때 가장 먼저 해야 하는 것은 무엇인가요? · **138**
75. 주기도문의 시작과 끝은 무엇인가요? · **139**
76. 성도들이 최고로 하나님을 존중하는 표현은 무엇인가요? · **140**
77. 다윗이 가장 열정을 쏟아부은 것은 무엇인가요? · **143**
78. 성도를 선한 의의 길로 인도하시는 이유는 무엇인가요? · **144**
79. 광야에서 이스라엘 백성을 구하신 목적은 무엇인가요? · **146**
80. 영혼을 회복시키시는 이유는 무엇인가요? · **147**
81. 하나님이 하나님의 이름을 위하여 성도들에게 자비를 베푸시고 선을 행하시고 자기 백성의 행복을 증진시켜 주실 때, 이 모든 것의 목적은 무엇인가요? · **147**
82. 하나님의 백성이 존재하는 이유는 무엇인가요? · **149**
83. 하나님이 우리의 기도를 들어주시는 목적은 무엇인가요? · **150**
84. 왜 성도들이 거룩한 삶을 목적으로 살아야 하나요? · **151**
85. 인간의 도덕적 삶의 목적은 무엇인가요? · **154**
86. 하나님이 그 백성들에게 호의와 자비를 베푸신 목적은 무엇인가요? · **156**
87. 하나님이 표적을 행하시는 이유는 무엇인가요? · **157**
88. 하나님을 찬양한다는 것은 결국 무엇을 찬양한다는 것입니까? · **159**
89. 우리가 사나 죽으나 무엇을 위하여 살고 죽어야 하나요? · **161**
90. 성도는 왜 선한 삶을 살아야 하나요? · **163**
91. 주님께서 우리를 하나님의 백성으로 만드신 목적은 무엇인가요? · **164**

제8장 심판

92. 하나님이 사람의 죄악을 드러내시는 목적은 무엇인가요? · **168**
93. 하나님이 원수에 대한 심판을 하시는 목적은 무엇인가요? · **169**
94. 악인을 심판하시는 목적은 무엇인가요? · **171**
95. 하나님의 원수를 갚는 것은 무엇을 목적으로 하는 것인가요? · **173**
96. 악인들을 멸하시며, 성도들에게 복을 주시는 목적은
    무엇인가요? · **175**

제9장 하나님 나라

97. 주님의 재림의 목적은 무엇인가요? · **178**
98. 하늘에 있는 성도들과 천사들의 목적은 무엇인가요? · **180**
99. 하늘에는 해와 달이 없다고 하는데 그러면 무엇으로 환한가요? · **181**
100. 하나님 나라에서 가장 중요한 일은 무엇인가요? · **183**

참고도서 ··· **185**

조나단 에드워즈의 삶을 통한 고난의 이해

조나단 에드워즈는 17세에 예일 대학을 졸업했으며, 예일 대학의 교수를 지내다 자신의 조부가 목회했던 노스햄프턴 교회의 담임이 됩니다. 그리고 활발한 목회 사역을 통해서 영적 대각성 운동을 일으켜 미국 교회의 부흥을 가져옵니다. 그러던 중 노스햄프턴 교회에서 해직당합니다. 미래가 있고, 자녀가 많았던 조나단 에드워즈 목사는 배고픔과 배반을 경험합니다. 그를 쫓아냈던 교회와 교우들은 나중에 회개합니다.

목회지에서 쫓겨난 에드워즈는 목회를 포기하지 않고 매사추세츠 주의 스탁브리지에서 인디언 선교사가 됩니다. 그러면서 많은 저서를 썼는데, 후에 학자들은 그가 작은 교회로 갔기에 시간적 여유가 있어 많은 책을 저술할 수 있었다고 말합니다.

그러던 중 프린스턴 대학의 학장이었던 사위가 죽습니다. 아들 같은 사위의 죽음과 자신의 딸이 과부가 된 것은 그에게 많은 아픔을 주었을 것입니다.

그 아픔을 극복하고 에드워즈는 프린스턴 대학의 학장으로 임명되어 갔으나 그해 천연두로 사망하고 맙니다. 인디언 선교를 하느라 이미 몸이 망가질 대로 망가진 채 프린스턴에 간 에드워즈는, 아내가 함께 가지 못해 그를 돌봐 줄 사람이 없었기에 건

강을 회복하기가 더 어려웠습니다. 결국 1758년 3월 22일, 54세의 나이로 세상을 떠나게 됩니다.

그의 삶을 보면 롤러코스터를 타는 듯합니다. 그러나 어려움과 위기를 통해서 그는 오히려 더욱 기도의 사람이 되며, 성경을 연구하여 위대한 설교자이자 학자로서의 길을 갔습니다.

그의 길은 충성된 일꾼의 삶이 어떤 것인지를 보여줍니다. 하나님의 사람은 삶의 목적이 분명하기에 어려움 속에서도 오히려 빛을 냅니다. 그것은 삶 속에서 하나님의 영광을 드러내는 것입니다.

제**1**장

하나님

 **1. 하나님께서 천지를 창조하신 목적은 무엇인가요?**

 하나님의 영광을 위하여!

하나님께서는 하나님의 영광을 위하여 천지를 창조하셨습니다.

이사야 44:23 "여호와께서 이 일을 행하셨으니 하늘아 노래할지어다 땅의 깊은 곳들아 높이 부를지어다 산들아 숲과 그 가운데의 모든 나무들아 소리 내어 노래할지어다 여호와께서 야곱을 구속하셨으니 이스라엘 중에 자기의 영광을 나타내실 것임이로다."

이사야 43:7 "내 이름으로 불려지는 모든 자 곧 내가 내 영광을 위하여 창조한 자를 오게 하라 그를 내가 지었고 그를 내가 만들었느니라."

이사야 43:21 "이 백성은 내가 나를 위하여 지었나니 나를 찬송하게 하려 함이니라."

시편 19:1-4 "하늘이 하나님의 영광을 선포하고 궁창이 그의 손으로 하신 일을 나타내는도다 날은 날에게 말하고 밤은 밤에게 지식을 전하니 언어도 없고 말씀도 없으며 들리는 소리도 없으나 그의 소리가 온 땅에 통하고 그의 말씀이 세상 끝까지 이르도다 하나님이 해를 위하여 하늘에 장막을 베푸셨도다."

'하나님의 영광'이 하나님께서 천지를 창조하신 창조의 최종 목적입니다. 하나님께서는 하나님의 영광을 위하여 천지를 창조하셨습니다. 그리고 그 창조를 통하여 영광 받으시기를 기뻐하십니다. 하나님은 자신의 영광을 그 자체로 선하고, 가치 있고, 탁월한 것으로 추구하십니다. 그러므로 하나님의 영광은 창조 사역의 바람직하고 가치 있는 결과입니다. 피조물의 유익이란 하나님을 기뻐하고, 하나님의 아름다움에 대해 알거나 보는 것, 하나님과 연합하는 것, 하나님을 닮고, 하나님을 사랑하는 것입니다. 그리고 이러한 것이 하나님께 영광을 돌리는 것입니다. 하나님의 영광은 창조 사역의 실제적이고 행복한 결과입니다.

존 파이퍼가 보는 조나단 에드워즈의 신학은 무엇인가요?

1. '하나님의 영광을 위한 하나님의 열심'과 '하나님 안에서의 나의 기쁨을 위한 열심'은 서로 모순되는 것이 아닙니다.
2. 하나님께서는 성도의 기쁨을 위해 노력하십니다.
3. 하나님께서 죄인들에게 값없는 은혜와 능력을 주셔서 그들이 하나님을 존중하게 하시는 것입니다.
4. 참된 도덕의 본질은 하나님의 영광을 기뻐하게 만드는 것입니다.
5. 죄는 신성모독이며 자살입니다.
6. 천국은 무한한 하나님을 영원토록 더욱더 기뻐하는 것입니다.
7. 지옥은 피조물이 하나님 안에서의 행복을 거절하는 것입니다.

8. 복음전도는 하나님 영광을 맛보여 주려고 노력하는 것입니다.
9. 설교는 사람들을 하나님의 영광으로 이끌어 가는 것입니다.
10. 공적 예배는 마음이 하나님의 영광을 갈망하는 것입니다.
11. 세계 선교는 모든 민족들로 기뻐하게 하는 하나님의 영광을 위한 열정입니다.
12. 우리가 도움을 받을 때, 하나님께서는 영광을 받으십니다.
13. 학문은 모든 학문의 분과 속에서 하나님을 보는 것입니다.
14. 죽음도 유익하다고 말할 때 하나님께서 영광을 받으십니다.
15. 가장 큰 의무는 할 수 있는 만큼 하나님을 기뻐하는 것입니다.

📖 존 파이퍼, 《존 파이퍼의 하나님의 영광을 위한 하나님의 열심》, 백금산 역 (서울: 부흥과개혁사, 2013), 20, 261-343.

 **2. 창조 사역의 가장 바람직한 모습은 무엇인가요?**

 하나님의 영광을 위하여!

하나님을 찬양하는 것은 모든 창조 사역의 바람직하고 영광스러운 결과입니다.

시편 145:5-10 "주의 존귀하고 영광스러운 위엄과 주의 기이한 일들을 나는 작은 소리로 읊조리리이다 사람들은 주의 두려운 일의 권능을 말할 것이요 나도 주의 위대하심을 선포하리이다 그들이 주의 크신 은혜를 기념하여 말하며 주의 의를 노래하리이다 여호와는 은혜로우시며 긍휼이 많으시며 노하기를 더디 하시며 인자하심이 크시도다 여호와께서는 모든 것을 선대하시며 그 지으신 모든 것에 긍휼을 베푸시는도다 여호와여 주께서 지으신 모든 것들이 주께 감사하며 주의 성도들이 주를 송축하리이다."

시편 103:19-22 "여호와께서 그의 보좌를 하늘에 세우시고 그의 왕권으로 만유를 다스리시도다 능력이 있어 여호와의 말씀을 행하며 그의 말씀의 소리를 듣는 여호와의 천사들이여 여호와를 송축하라 그에게 수종들며 그의 뜻을 행하는 모든 천군이여 여호와를 송축하라 여호와의 지으심을 받고 그가 다스리시는 모든 곳에 있는 너희여 여호와를 송축하라 내 영혼아 여호와를 송축하라."

3. 성경에서 '하나님의 이름'의 의미는 무엇인가요?

하나님의 영광을 위하여!

하나님의 이름은 하나님의 영광을 드러냅니다.

출애굽기 33:19 "여호와께서 이르시되 내가 내 모든 '선한 것을' 네 앞으로 지나가게 하고 '여호와의 이름'을 네 앞에 선포하리라 나는 '은혜' 베풀 자에게 은혜를 베풀고 '긍휼'히 여길 자에게 긍휼을 베푸느니라."

예레미야 33:9 "이 성읍이 세계 열방 앞에서 '나의 기쁜 이름'이 될 것이며 '찬송과 영광'이 될 것이요 그들은 내가 이 백성에게 베푼 모든 복을 들을 것이요 내가 이 성읍에 베푼 모든 복과 모든 평안으로 말미암아 두려워하며 떨리라."

 **4. 만물이 존재하는 이유는 무엇인가요?**

 하나님의 영광을 위하여!

요한계시록 4:11 "우리 주 하나님이여 영광과 존귀와 권능을 받으시는 것이 합당하오니 주께서 만물을 지으신지라 만물이 주의 뜻대로 있었고 또 지으심을 받았나이다 하더라."

로마서 11:33-36 "깊도다 하나님의 지혜와 지식의 풍성함이여, 그의 판단은 헤아리지 못할 것이며 그의 길은 찾지 못할 것이로다 누가 주의 마음을 알았느냐 누가 그의 모사가 되었느냐 누가 주께 먼저 드려서 갚으심을 받겠느냐 이는 만물이 주에게서 나오고 주로 말미암고 주에게로 돌아감이라 그에게 영광이 세세에 있을지어다 아멘."

 바울은 하나님이 모든 만물을 창조하시고 그에 의해 통치를 받으며 그에게 영원히 영광을 돌리는 삶을 살게 된다는 것을 말씀합니다. 하나님께서 섭리하시는 방식과 하나님의 통치의 지혜를 찬양합니다. 만물은 하나님을 영화롭게 하도록 계획하신 일로 인하여 영광을 돌립니다. 모든 만물은 하나님의 영광을 위해 창조되었고, 하나님은 그들로 영광을 받기에 합당하신 분입니다.

5. 하나님이 일반은총(자연계시)을 주시는 목적은 무엇인가요?

하나님의 영광을 위하여!

하나님께서는 하나님의 영광을 위하여 일반은총을 천하에 허락하셨습니다. 비와 공기와 대지와 태양과, 만약 없다면 사람이 살 수 없는 필수적인 모든 것들을 주셨습니다.

욥기 37:6-7 "눈을 명하여 땅에 내리라 하시며 적은 비와 큰 비도 내리게 명하시느니라 그가 모든 사람의 손에 표를 주시어 모든 사람이 그가 지으신 것을 알게 하려 하심이라."
시편 8:1 "여호와 우리 주여 주의 이름이 온 땅에 어찌 그리 아름다운지요 주의 영광이 하늘을 덮었나이다."

자연계 사역의 궁극적 목적은 하나님의 영광입니다. 이것은 시편 8편에 잘 나와 있습니다. 결론 역시 같은 말씀으로

마칩니다.

시편 8:9 "여호와 우리 주여 주의 이름이 온 땅에 어찌 그리 아름다운지요."

시편 148편도 마찬가지입니다. 하나님의 창조 사역의 많은 부분을 순서대로 일일이 열거하고 난 후 이렇게 말씀하십니다.

시편 148:13 "여호와의 이름을 찬양할지어다 그의 이름이 홀로 높으시며 그의 영광이 땅과 하늘 위에 뛰어나심이로다."

시편 104:31 "여호와의 영광이 영원히 계속할지며 여호와는 자신께서 행하시는 일들로 말미암아 즐거워하시리로다."

그러기에 천사들도 이렇게 찬양합니다.

이사야 6:3 "서로 불러 이르되 거룩하다 거룩하다 거룩하다 만군의 여호와여 그의 영광이 온 땅에 충만하도다 하더라."

시편 103:19-22 "여호와께서 그의 보좌를 하늘에 세우시고 그의 왕권으로 만유를 다스리시도다 능력이 있어 여호와의 말씀을 행하며 그의 말씀의 소리를 듣는 여호와의 천사들이여 여호와를 송축하라 그에게 수종들며 그의 뜻을 행하는 모든 천군이여 여호와를 송축하라 여호와의 지으심을 받고 그가 다스리시는 모든 곳에 있는 너희여 여호와를 송축하라 내 영혼아 여호와를 송축하라."

자연법이란 무엇인가요?

만물의 본질 속에는 자체의 목적과 의도를 따라 움직이고 진행되도록 이끄는 원리가 있는데, 이것을 자연법이라고 합니다.
📖 존 오웬, 《신자 안에 내재하는 죄》, 김귀탁 역 (서울: 부흥과개혁사, 2013), 55.

 6. 하나님 자신을 위한 하나님의 행동은 무엇을 목적으로 합니까?

 하나님의 영광을 위하여!

이사야 48:11 "나는 나를 위하며 나를 위하여 이를 이룰 것이라 어찌 내 이름을 욕되게 하리요 내 영광을 다른 자에게 주지 아니하리라."

 이 말씀의 의미는 '내가 내 영광을 취할 것이다, 내 영광을 포기하지 않을 것이다. 다른 존재가 나에게서 내 영광을 빼앗아가지 못할 것이다'라는 의미입니다. 여기서 하나님은 반복하여 말씀하십니다. "나는 나를 위하며 나를 위하여 이를 이룰 것이라." 이 말씀은 궁극적으로 자기 자신을 위해 모든 것을 하신다는 의미입니다. 하나님이 성경을 통해 하나님이 자신을 위하여 행하시는 사역들 가운데서, 자기 자신을 스스로의 목적으로 삼으시는 방법은 '하나님의 영광을 하나님 자신의 목적으로 삼으시는 것'이라고 말씀하십니다.

이사야 25:1 "여호와여 주는 나의 하나님이시라 내가 주를 높이고 주의 이름을 찬송하오리니 주는 기사를 옛적에 정하신 뜻대로 성실함과 진실함으로 행하셨음이라."

하나님의 성실하심과 진실하심에 영광을 돌려야 합니다.
마태복음 15:31 "말 못하는 사람이 말하고 장애인이 온전하게 되고 다리 저는 사람이 걸으며 맹인이 보는 것을 무리가 보고 놀랍게 여겨 이스라엘의 하나님께 영광을 돌리니라."
사도행전 4:21 "관리들이 백성들 때문에 그들을 어떻게 처벌할지 방법을 찾지 못하고 다시 위협하여 놓아 주었으니 이는 모든 사람이 그 된 일을 보고 하나님께 영광을 돌림이라."

 **7. 하나님이 백성을 행복하게 하시는 목적은 무엇인가요?**

 하나님의 영광을 위하여!

이사야 43:1-7 "야곱아 너를 창조하신 여호와께서 지금 말씀하시느니라 이스라엘아 너를 지으신 이가 말씀하시느니라 너는 두려워하지 말라 내가 너를 구속하였고 내가 너를 지명하여 불렀나니 너는 내 것이라 네가 물 가운데로 지날 때에 내가 너와 함께할 것이라 강을 건널 때에 물이 너를 침몰하지 못할 것이며 네가 불 가운데로 지날 때에 타지도 아니할 것이요 불꽃이 너를 사르지도 못하리니 대저 나는 여호와 네 하나님이요 이스라엘의 거룩한 이요 네 구원자임이라 내가 애굽을 너의 속량물로, 구스와 스바를 너를 대신하여 주었노라 네가 내 눈에 보배롭고 존귀하며 내가 너를 사랑하였은즉 내가 네 대신 사람들을 내어주며 백성들이 네 생명을 대신하리니 두려워하지 말라 내가 너와 함께 하여 네 자손을 동쪽에서부터 오게 하며 서쪽에서부터 너를 모을 것이며 내가 북쪽에게 이르기를 내놓으라 남쪽에게 이르기를 가두어 두지 말라 내 아들들을 먼 곳에서 이끌며 내 딸들을 땅 끝에서 오게 하며 내 이름으로 불려지는 모든 자 곧 내가 내 영광을 위하여 창조한 자를 오게 하라 그를 내가 지었고 그를 내가 만들었느니라."

하나님은 이스라엘을 구원해 주실 것을 말씀하십니다. 그들을 위하여 열방을 대신 심판하셨음을 말씀하셨습니다. 이 일을 통하여 하나님께서 영광을 받으시려는 것이 목적이었음을 알려 주십니다.

 8. 하나님의 백성을 선한 일에 열심 있는 백성으로 만드시는 목적은 무엇인가요?

 하나님의 영광을 위하여!

> **예레미야 13:11** "여호와의 말씀이니라 띠가 사람의 허리에 속함같이 내가 이스라엘 온 집과 유다 온 집으로 내게 속하게 하여 그들로 내 백성이 되게 하며 내 이름과 명예와 영광이 되게 하려 하였으나 그들이 듣지 아니하였느니라."

 이스라엘로 하여금 하나님의 백성이 되게 하셔서 하나님의 이름에 명예와 하나님에게 영광이 되게 하시려는 목적이 있었습니다. 하나님의 뜻을 거스르는 것은 악입니다. 왜냐면 작고 편협하고 제한된 자아를 높이려고 하는 것은 결국 하나님의 뜻을 어기는 것이 되기 때문입니다. 인간이 자신을 위해 살 때 인간은 결코 만족하지 못합니다. 하나님 안에만 참된 기쁨이 있습니다(전 3:11 "사람들에게는 영원을 사모하는 마음을 주셨느니라").

빌립보서 1:10-11 "너희로 지극히 선한 것을 분별하며 또 진실하여 허물 없이 그리스도의 날까지 이르고 예수 그리스도로 말미암아 의의 열매가 가득하여 하나님의 영광과 찬송이 되기를 원하노라."

 사도 바울이 말씀하기를, 성도들이 선한 행위를 하고 의의 열매를 맺는 궁극적 목적은, 예수 그리스도의 날까지 그들의 선함이 지속되고, 또한 주님으로 말미암아 성도들의 행위가 하나님께 영광과 찬송을 돌리는 것이라고 합니다.

디모데후서 3:16 "모든 성경은 하나님의 감동으로 된 것으로 교훈과 책망과 바르게 함과 의로 교육하기에 유익하니."

죄의 반감에 대처하는 방법이 무엇인가요?

1. 항상 거룩한 마음을 품고 꾸준히 영혼을 지켜야 합니다(시 57:7, 119:6). 시편 57:7 "하나님이여 내 마음이 확정되었고 내 마음이 확정되었사오니 내가 노래하고 내가 찬송하리이다."

시편 119:6 "내가 주의 모든 계명에 주의할 때에는 부끄럽지 아니하리이다."
2. 반감이 처음부터 활동하지 못하도록 예방하는 데 힘써야 합니다(벧전 4:7; 마 16:22–23).

베드로전서 4:7 "너희는 정신을 차리고 근신하여 기도하라."

마태복음 16:22–23 "베드로가 예수를 붙들고 항변하여 이르되 주여 그리 마옵소서 이 일이 결코 주께 미치지 아니하리이다 예수께서 돌이키시며 베드로에게 이르시되 사탄아 내 뒤로 물러가라 너는 나를 넘어지게 하는 자로다 네가 하나님의 일을 생각하지 아니하고 도리어 사람의 일을 생각하는도다."

3. 반감을 절대로 승리자로 만들지 말아야 합니다(히 6:11–12, 12:3; 눅 18:1; 롬 12:12, 6:12; 사 40:31, 5).

히브리서 6:11–12 "우리가 간절히 원하는 것은 너희 각 사람이 동일한 부지런함을 나타내어 끝까지 소망의 풍성함에 이르러 게으르지 아니하고."

로마서 12:12 "소망 중에 즐거워하며 환난 중에 참으며 기도에 항상 힘쓰며."

이사야 40:31 "오직 여호와를 앙망하는 자는 새 힘을 얻으리니 독수리가 날개 치며 올라감 같을 것이요 달음박질하여도 곤비하지 아니하겠고 걸어가도 피곤하지 아니하리로다."

4. 본성 속에 남아 있는 반감을 생각하고 항상 겸손한 태도를 유지하여야 합니다(사 57:15).

이사야 57:15 "내가 높고 거룩한 곳에 있으며 또한 통회하고 마음이 겸손한 자와 함께 있나니 이는 겸손한 자의 영을 소생시키며 통회하는 자의 마음을 소생시키려 함이라."

5. 신령한 일들의 미덕과 장점으로 마음을 무장해야 합니다(시 110:3).

시 110:3 "주의 권능의 날에 주의 백성이 '거룩한 옷'을 입고 즐거이 헌신하니."

📖 존 오웬, 《신자 안에 내재하는 죄》, 김귀탁 역 (서울: 부흥과개혁사, 2013), 88–93.

 9. 하나님의 백성을 지키시는 목적은 무엇인가요?

 하나님의 영광을 위하여!
하나님께서 예수를 통해 하나님의 백성을 구원하셔서 하나님의 영광을 이스라엘 중에 나타내실 것을 말씀하십니다.

이사야 44:23 "여호와께서 이 일을 행하셨으니 하늘아 노래할지어다 땅의 깊은 곳들아 높이 부를지어다 산들아 숲과 그 가운데의 모든 나무들아 소리 내어 노래할지어다 여호와께서 야곱을 구속하셨으니 이스라엘 중에 자기의 영광을 나타내실 것임이로다."

이사야 49:3 "내게 이르시되 너는 나의 종이요 내 영광을 네 속에 나타낼 이스라엘이라 하셨느니라."

요한복음 17:10 "내 것은 다 아버지의 것이요 아버지의 것은 내 것이온데 내가 그들로 말미암아 영광을 받았나이다."

하나님이 시험하시는 목적은 무엇인가요?

1. 사람의 마음속에 있는 것을 그에게 보여주시기 위해서입니다(창 22:1-2; 대하 32:31).
그 사람 자신이 어떤 존재인지를 드러내시기 위함입니다. 성도들은 시

힘을 통해 자신의 추한 모습을 확인하게 될 때, 감사와 겸손과 체험의 보고 속에 들어가게 됩니다.
2. 사람에게 하나님을 보여주시기 위함입니다.
  (1) 억제하시는 은혜를 통해 자신을 보여주십니다(창 20:6).
  창 20:6 "하나님이 꿈에 또 그에게 이르시되 네가 온전한 마음으로 이렇게 한 줄을 나도 알았으므로 너를 막아 내게 범죄하지 아니하게 하였나니 여인에게 가까이하지 못하게 함이 이때문이니라."
  (2) 새롭게 하시는 은혜를 통해 자신을 보여주십니다(고후 12:9).
  고린도후서 12:9 "나에게 이르시기를 내 은혜가 네게 족하도다 이는 내 능력이 약한 데서 온전하여짐이라 하신지라 그러므로 도리어 크게 기뻐함으로 나의 여러 약한 것들에 대하여 자랑하리니 이는 그리스도의 능력이 내게 머물게 하려 함이라."
  📖 존 오웬, 《시험》, 김귀탁 역 (서울: 부흥과개혁사, 2013), 33-35.

10. 하나님이 세상을 통치하시는 이유는 무엇인가요?

하나님의 영광을 위하여!

신명기 33:26 "여수룬이여 하나님 같은 이가 없도다 그가 너를 도우시려고 하늘을 타고 궁창에서 위엄을 나타내시는도다."

이사야 24:15 "그러므로 너희가 동방에서 여호와를 영화롭게 하며 바다 모든 섬에서 이스라엘의 하나님 여호와의 이름을 영화롭게 할 것이라."

시편 86:9 "주여 주께서 지으신 모든 민족이 와서 주의 앞에 경배하며 주의 이름에 영광을 돌리리이다."

요한계시록 5:13 "내가 또 들으니 하늘 위에와 땅 위에와 땅 아래와 바다 위에와 또 그 가운데 모든 피조물이 이르되 보좌에 앉으신 이와 어린 양에게 찬송과 존귀와 영광과 권능을 세세토록 돌릴지어다 하니."

죄의 본질적 속성은 무엇인가요?

1. 죄의 본질적 속성은 적의입니다(롬 8:7). 죄를 죽이면 죄의 힘을 약화시킬 수는 있으나, 죄의 본질은 변화시킬 수 없습니다. 은혜는 사람의 성격은 변화시키지만 죄의 성격은 바꿀 수 없습니다. 죄는 정복하거나 정복되지 않는 한 조용히 있지 않습니다. 누구든 죄를 죽이지 않고 죄와 휴전하는 것을 기대하는 것은 헛된 것입니다. 죄는 완전히 파멸시키는 것 외에 다른 길이 없습니다.

2. 죄는 하나님에 대한 적의입니다.
   (1) 죄는 그것이 어떤 모양이라고 하더라도 하나님에게 짓는 것입니다(벧전 2:11; 갈 5:17).
   죄가 하나님과 대적하는 이유는 선이 하나님을 위해 일하는 일과 관련이 있기 때문입니다. 죄가 목표로 삼고 있는 대상은 하나님입니다. 죄의 본질 전체는 하나님을 대적하고 있습니다(롬 8:7). 죄는 율법, 곧 율법의 일점일획에 대해서도 굴복하지 않습니다.
   베드로전서 2:11 "사랑하는 자들아 거류민과 나그네 같은 너희를 권하노니 영혼을 거슬러 싸우는 육체의 정욕을 제어하라."
   갈라디아서 5:17 "육체의 소욕은 성령을 거스르고 성령은 육체를 거스르나니 이 둘이 서로 대적함으로 너희가 원하는 것을 하지 못하게 하려 함이니라."

로마서 8:7 "육신의 생각은 하나님과 원수가 되나니 이는 하나님의 법에 굴복하지 아니할 뿐 아니라 할 수도 없음이라."

(2) 죄는 모든 영혼에 속한 모든 것에 대해 총체적입니다. 은혜가 영혼 속에 들어올 때, 죄는 그것을 방해하기 위해 영혼의 연안 모든 곳에 진을 치고 있습니다.

3. 죄는 항구적입니다. 죄는 율법과 복음이 아무리 강력하게 반발하더라도, 절대로 굴복하거나 포기하지 않습니다. 죄를 정복하지 않으면 정복당할 것입니다.

> **설명** 바울은 로마서 5장 10절에서 "우리가 원수 되었을 때에 그의 아들의 죽으심으로 말미암아 하나님과 화목하게 되었은즉"이라고 말씀합니다. 바울은 그리스도의 십자가로 주님이 이 원수를 이기셨음을 말씀합니다.
>
> 에베소서 2:14 "그는 우리의 화평이신지라 둘로 하나를 만드사 원수 된 것 곧 중간에 막힌 담을 자기 육체로 허시고."

📖 존 오웬, 《신자 안에 내재하는 죄》, 김귀탁 역 (서울: 부흥과개혁사, 2013), 72–82.

 **11. 하나님의 완전하심, 위대하심, 전능하심, 그리고 탁월하심은 무엇인가요?**

 하나님의 영광을 위하여!

역대상 16:23-24 "온 땅이여 여호와께 노래하며 그의 구원을

날마다 선포할지어다 그의 영광을 모든 민족 중에, 그의 기이한 행적을 만민 중에 선포할지어다."

고린도전서 3:22-23 "바울이나 아볼로나 게바나 세계나 생명이나 사망이나 지금 것이나 장래 것이나 다 너희의 것이요 너희는 그리스도의 것이요 그리스도는 하나님의 것이니라."

하나님께서는 하나님의 완전하심, 위대하심, 탁월하심을 사람들에게 명령하십니다. 믿는 자들은 하나님의 구원을 선포하고, 하나님을 찬양하며, 하나님의 이름의 영광을 위해 살라고 명령하십니다. 이것은 믿는 자들이 마땅히 해야 할 삶의 태도입니다.

제2장

예수님

12. 그리스도가 이 땅에 오신 목적은 무엇인가요?

하나님의 영광을 위하여!

그리스도 탄생의 목적은 하나님의 영광을 위해서입니다.

누가복음 2:14 "지극히 높은 곳에서는 하나님께 영광이요 땅에서는 하나님이 기뻐하신 사람들 중에 평화로다 하니라."
빌립보서 1:11 "예수 그리스도로 말미암아 의의 열매가 가득하여 하나님의 영광과 찬송이 되기를 원하노라."
로마서 4:20 "믿음이 없어 하나님의 약속을 의심하지 않고 믿음으로 견고하여져서 하나님께 영광을 돌리며."

그리스도가 사람이 되어야 하는 이유는 무엇인가요?

1. 인간의 본성은 율법을 받은 본성으로, 인간의 본성이 율법에 순종하는 것은 그것을 만족시키는 일이 필수적이기 때문입니다.
2. 죄를 범한 모든 본성이 반드시 죽는 것이 그 계명을 만족시키는 데 필수적이기 때문입니다.
3. 하나님은 인간의 타락과 파멸의 무대가 된 세상이, 그의 구속의 무대가 되어야 할 필요성을 알고 계셨기 때문입니다.

📖 조나단 에드워즈, 《구속사》, 김귀탁 역 (서울: 부흥과개혁사, 2014), 설교 14, 385.

13. 그리스도의 사역의 궁극적 목적은 무엇인가요?

하나님의 영광을 위하여!

주님께서 이 땅에 성육신하여 오신 것은 하나님의 영광을 위해서였습니다. 그러므로 믿는 자 역시 예수 그리스도를 통하여 하나님께 영광을 돌리는 삶을 살아야 합니다.

요한복음 7:18 "스스로 말하는 자는 자기 영광만 구하되 보내신 이의 영광을 구하는 자는 참되니 그 속에 불의가 없느니라."

요한복음 17:4 "아버지께서 내게 하라고 주신 일을 내가 이루어 아버지를 이 세상에서 영화롭게 하였사오니."

베드로전서 4:11 "만일 누가 말하려면 하나님의 말씀을 하는 것같이 하고 누가 봉사하려면 하나님이 공급하시는 힘으로 하는 것같이 하라 이는 범사에 예수 그리스도로 말미암아 하나님이 영광을 받으시게 하려 함이니 그에게 영광과 권능이 세세에 무궁하도록 있느니라 아멘."

그리스도가 순종한 하나님의 계명들은 무엇인가요?

1. 인간으로서: 도덕법을 지키심.
2. 유대인으로서: 의식법에 순종하심, 할례, 절기를 지키심, 세례 받으심.
3. 중보자로서: 목숨을 내놓으심.

📖 조나단 에드워즈, 《구속사》, 김귀탁 역 (서울: 부흥과개혁사, 2014), 설교 15, 402–403.

 **14. 주님께서 십자가에서 죽으신 목적은 무엇인가요?**

 하나님의 영광을 위하여!

요한복음 12:27-28 "지금 내 마음이 괴로우니 무슨 말을 하리요 아버지여 나를 구원하여 이때를 면하게 하여 주옵소서 그러나 내가 이를 위하여 이때에 왔나이다 아버지여, 아버지의 이름을 영광스럽게 하옵소서 하시니 이에 하늘에서 소리가 나서 이르되 내가 이미 영광스럽게 하였고 또다시 영광스럽게 하리라 하시니."

시편 34:3 "나와 함께 여호와를 광대하시다 하며 함께 그의 이름을 높이세."

로마서 15:6 "한마음과 한 입으로 하나님 곧 우리 주 예수 그리스도의 아버지께 영광을 돌리게 하려 하노라."

미국 대부흥에 대해서 에드워즈는 어떤 점들을 높이 평가 하였나요?

1. 부흥에 있어서 빈부귀천을 막론하고 모든 계층이 영향을 받았다는 점입니다.
2. 수적인 면에서 남녀노소를 불문하고 엄청난 회심자의 수를 증가시켰다는 것입니다.
3. 부흥에 있어서 사람들이 변화되는 속도가 아주 갑작스럽다는 점, 그리고 죄에 대한 각성과 은혜에 대한 체험의 정도가 아주 컸다는 점입니다.
4. 부흥이 이웃 마을에까지 영향을 크게 미쳤다는 점입니다.
5. 어린아이들에게 까지도 큰 영향을 미쳤다는 것입니다.

 회심 시에 죄에 대한 각성과 은혜와 믿음의 체험이 전인적이면서, 회개 체험과 은혜 체험이 사람마다 방법과 정도 면에서 엄청난 다양성이 나타납니다.

📖 조나단 에드워즈, 《놀라운 부흥과 회심 이야기》, 백금산 역 (서울: 부흥과개혁사, 2014), 56–60.

 **15. 주님의 이 땅에서의 마지막 날의 기도 내용은 무엇이었나요?**

 하나님의 영광을 위하여!

요한복음 17:1 "예수께서 이 말씀을 하시고 눈을 들어 하늘을 우러러 이르시되 아버지여 때가 이르렀사오니 아들을

영화롭게 하사 아들로 아버지를 영화롭게 하게 하옵소서."

주님께서는 십자가에 달리시기 전날에도 하나님의 영광을 위해 기도하셨습니다. 하나님의 영광을 위한 기도는 이 땅에서 그리스도가 하신 첫 번째 간구였고, 하나님의 영광이 그리스도의 최고의 간구와 소원이며 이것을 궁극의 목적으로 하고 있습니다.

그리스도의 비하를 통해서 이루신 일들은 무엇인가요?

1. 사탄의 나라를 전복시킬 기초를 세우심(요 12:31).
2. 그리스도 안에 사람을 모음(요 12:32).
3. 택함 받은 자들을 구원하심(히 5:8-9).
4. 삼위일체 위격들에게 큰 영광을 돌리심(요 17:1).
5. 성도들의 영광(요 17:2).
6. 하나님의 뜻을 이루심.
7. 하나님 앞에 있는 기쁨을 이루심.

📖 조나단 에드워즈, 《구속사》, 김귀탁 역 (서울: 부흥과개혁사, 2014), 설교 18, 450-451.

 16. 주님을 십자가에 못 박은 백부장은 주님의 죽으심을 다 본 후 어떻게 행했습니까?

 하나님의 영광을 위하여!

하나님께 영광을 돌렸습니다.

누가복음 23:47 "백부장이 그 된 일을 보고 하나님께 영광을 돌려 이르되 이 사람은 정녕 의인이었도다 하고."

주님은 십자가에서 죽으심으로 무엇을 이루셨나요?

1. 율법의 요구를 만족시키셨습니다.
2. 신적 공의를 만족시키셨습니다.
3. 영생에 대한 온전한 취득이 이루어졌습니다.
4. 죄인들을 위해 더 행해야 할 일은 이제 없습니다.
5. 주님께서 행하신 일이 아무 필요가 없게 되는 일은 없습니다.

📖 조나단 에드워즈, 《구속사》, 김귀탁 역 (서울: 부흥과개혁사, 2014), 설교 16, 432.

 17. 그리스도는 그의 백성들에게 무엇이 되시나요?

 하나님의 영광을 위하여!

그리스도는 믿는 자들에게 영광이 되십니다.

이사야 60:1 "일어나라 빛을 발하라 이는 네 빛이 이르렀고 여호와의 영광이 네 위에 임하였음이니라."

누가복음 2:32 "이방을 비추는 빛이요 주의 백성 이스라엘의 영광이니이다 하니."

성령 역사에 대한 뚜렷한 성경적 증거에는 무엇이 있나요?

1. 동정녀 마리아를 통한 예수의 탄생을 믿습니다.
2. 사탄에 반대되어 역사하는 영이라면 참된 영입니다.
3. 성경을 크게 존중하고 성경의 진리와 신성을 더 확신시킵니다.
4. 진리의 영으로 역사합니다.
5. 사랑의 영으로 역사합니다.

📖 조나단 에드워즈, 《부흥론》, 양낙흥 역 (서울: 부흥과개혁사, 2013), 322-336.

사람들 사이에서 일어나는 일들이 성령의 역사인지를 어떻게 알 수 있나요?

1. 예수님을 주, 그리스도, 하나님의 아들이라고 시인하게 하는 영은 성령

이십니다(고전 12:3; 요일 4:2–3, 15; 마 10:32; 롬 15:9–"내가 열방 중에서 주께 감사하고", KJV, confess '시인하며').
2. 예수님에 대한 믿음과 사랑을 촉진시키는 영은 성령이십니다.
3. 그리스도께서 육체로 오심을 인정하게 하는 영은 성령이십니다.
4. 예수님은 성령님에 의해 높임을 받으십니다(창 3:15). 또한 성령님은 천사들에 대한 존경심을 인간이 갖도록 역사하십니다(계 12:7).
5. 성령은 세상을 미워하게 하고, 마귀는 세상을 사랑하게 합니다(요일 4:4–5; 요 18:36).

📖 조나단 에드워즈, 《성령의 역사 분별 방법》, 노병기 역 (서울: 부흥과개혁사, 2013), 107–113.

제3장

구원

 18. 하나님의 구속 사역의 목적은 무엇인가요?

 하나님의 영광을 위하여!
'하나님의 영광' 또는 '하나님의 영광에 대한 찬양'은 구속 사역의 목적입니다.

에베소서 1:3-6 "찬송하리로다 하나님 곧 우리 주 예수 그리스도의 아버지께서 그리스도 안에서 하늘에 속한 모든 신령한 복을 우리에게 주시되 곧 창세 전에 그리스도 안에서 우리를 택하사 우리로 사랑 안에서 그 앞에 거룩하고 흠이 없게 하시려고 그 기쁘신 뜻대로 우리를 예정하사 예수 그리스도로 말미암아 자기의 아들들이 되게 하셨으니 이는 그가 사랑하시는 자 안에서 우리에게 거저 주시는 바 그의 은혜의 영광을 찬송하게 하려는 것이라."

하나님과 예수님은 그의 백성들에게 영광이 되십니다.

하나님
시편 3:3 "여호와여 주는 나의 방패시요 나의 영광이시요 나의 머리를 드시는 자이시니이다."
스가랴 2:5 "여호와의 말씀에 내가 불로 둘러싼 성곽이 되며 그 가운데에서 영광이 되리라."

그리스도

이사야 60:1 "일어나라 빛을 발하라 이는 네 빛이 이르렀고 여호와의 영광이 네 위에 임하였음이니라."

누가복음 2:32 "이방을 비추는 빛이요 주의 백성 이스라엘의 영광이니이다 하니."

하나님이 구원하시는 은혜 체험에 대한 각성의 공통점과 다양성은 무엇인가요?

1. 어떤 이에게는 하나님의 특별한 위로가 뒤따랐습니다.
2. 어떤 이에게는 복음으로 계시되고, 그리스도의 얼굴에서 빛을 발하는 하나님의 감미롭고 영광스런 몇 가지 속성에 특별히 생각을 집중하였습니다.
3. 어떤 이는 하나님의 자비와 은혜에 부족함이 전혀 없음을 인식하였습니다.
4. 어떤 이는 하나님의 무한한 권능과 자기를 구원하시고 자기를 위해 모든 일을 하실 수 있는 능력을 깨달았습니다.
5. 어떤 이는 하나님의 진리와 신실하심을 바라보았습니다.
6. 어떤 이는 복음 일반의 진리와 확실성을 가장 먼저 발견하고 기뻐하였습니다.
7. 어떤 이는 하나님의 은혜롭고 신실하신 초대의 말씀을 흔히 자기 마음에 특별히 내려 주시는 초대의 말씀으로 인식하였습니다.
8. 어떤 이는 죽음을 불사하신 그리스도의 영광스러운 사랑에 감동을 받았습니다.
9. 어떤 이는 죄를 대속하기 위해 드려진 부족함 없고 보배로운 그리스도

의 보혈에 감동을 받았습니다.
10. 어떤 이는 그리스도의 순종과 의에 깃든 가치와 영광에 큰 감동을 받았습니다.
11. 어떤 이는 그리스도의 신성, 즉 그리스도가 참으로 살아 계신 하나님의 아들이라는 사실에 큰 감동을 받았습니다.
12. 어떤 이는 그리스도의 구원의 탁월성과 그 방법이 그들의 필요에 안성맞춤이라는 사실에 큰 감동을 받았습니다.
13. 어떤 이는 이런 진리가 너무 자명해서 이 진리들을 깨달았거나 발견했다는 표현이 더 자연스럽다고 생각합니다.
14. 어떤 이는 자신이 경험한 바를 실감나는 확신이나 마음의 살아 있는 말로 표현했습니다.

📖 조나단 에드워즈, 《놀라운 부흥과 회심 이야기》, 백금산 역 (서울: 부흥과개혁사, 2014), 84–85.

19. 하나님은 환난에서 우리를 구원해 주심을 통하여 무엇을 원하셨습니까?

하나님의 영광을 위하여!
하나님께 영화를 돌리기를 원하셨습니다.

시편 50:15 "환난 날에 나를 부르라 내가 너를 건지리니 네가 나를 영화롭게 하리로다."

천국을 소망하는 자들에게 나타나는 공통점은 무엇인가요?

1. 하나님의 영광과 그분의 완전성을 느낍니다.
2. 자신의 무가치함, 먼지를 뒤집어쓰고 하나님께 굴복하고 싶다는 갈망이 생깁니다. 이것은 어린아이부터 어른까지 모두 나타납니다.
3. 하루 속히 그리스도와 함께 있고 싶다는 소망을 가지게 됩니다. 빨리 하늘나라로 가고 싶어 합니다. 그리스도를 위해 모든 것을 버리고자 합니다.
4. 그리스도의 탁월성을 마음 깊이 찬양합니다.
5. 죽기까지 하신 예수 그리스도의 경이로운 사랑에 대한 깨달음을 형언할 수 없는 방식으로 표현합니다.
6. 이러한 일들이 생길 때 사탄은 최고의 발악을 합니다. 왜냐면 자신의 시간이 얼마 남지 않았다는 것을 알기 때문입니다.

📖 조나단 에드워즈, 《부흥론》, 양낙흥 역 (서울: 부흥과개혁사, 2013), 143-152.

 20. 하나님의 선하심과 자비와 구원의 목적은 무엇인가요?

 하나님의 영광을 위하여!

> **사무엘상 12:22** "여호와께서는 너희를 자기 백성으로 삼으신 것을 기뻐하셨으므로 여호와께서는 그의 크신 이름을 위해서라도 자기 백성을 버리지 아니하실 것이요."
>
> **신명기 28:63** "여호와께서 너희에게 '선을 행하시고 너희를 번성하게' 하시기를 기뻐하시던 것같이."

요한일서 4:9-10 "하나님의 사랑이 우리에게 이렇게 나타난 바 되었으니 하나님이 자기의 독생자를 세상에 보내심은 그로 말미암아 우리를 살리려 하심이라 사랑은 여기 있으니 우리가 하나님을 사랑한 것이 아니요 하나님이 우리를 사랑하사 우리 죄를 속하기 위하여 화목제물로 그 아들을 보내셨음이라."

회심 이후에 변화된 삶의 다양성은 무엇인가요?

1. 어떤 이는 정죄하시는 하나님의 공의에 대한 확신을 더 분명히 말합니다.
2. 어떤 이는 그리스도로 말미암은 구원의 동의에 대해 더 많이 말합니다.
3. 어떤 이는 하나님의 약속에 있는 진실과 신실함을 기쁘게 확신하는 신뢰의 행위를 강조합니다.
4. 어떤 이는 하나님과 그리스도에 대한 사랑의 행동을 강조합니다.
5. 어떤 이는 하나님을 자신의 영원한 분깃으로 선택하고 하나님 안에 안식하며 하나님과 교제하기를 간절하고 열렬하게 사모하는 것을 강조합니다.
6. 어떤 이는 과거의 죄로 인한 자기 혐오를 느끼며 장차 하나님의 영광을 위해 살겠다는 간절한 소망을 강조합니다.
7. 어떤 이는 하나님께 더 마음을 집중하고, 어떤 이는 그리스도께 더 마음을 집중합니다.
8. 성령이 사람들에게 역사하시는 구체적인 방식이나 상황은 끝없이 다양합니다.

📖 조나단 에드워즈, 《놀라운 부흥과 회심 이야기》, 백금산 역 (서울: 부흥과개혁사, 2014), 26-27.

 21. 하나님이 이방인과 유대인 모두를 구원하시는 목적은 무엇인가요?

 하나님의 영광을 위하여!

이사야 49:22-23 "주 여호와가 이같이 이르노라 내가 뭇 나라를 향하여 나의 손을 들고 민족들을 향하여 나의 기치를 세울 것이라 그들이 네 아들들을 품에 안고 네 딸들을 어깨에 메고 올 것이며 왕들은 네 양부가 되며 왕비들은 네 유모가 될 것이며 그들이 얼굴을 땅에 대고 네게 절하고 네 발의 티끌을 핥을 것이니 네가 나를 여호와인 줄을 알리라 나를 바라는 자는 수치를 당하지 아니하리라."

죄에 대한 고통 후에 하나님의 정죄의 정당성이 어떻게 나타나요?

1. 어떤 이는 주권이 하나님께 있으므로 어떤 이는 받아들이시고 어떤 이들은 자기를 버리실 수도 있음을 깨달았습니다.
2. 어떤 이는 온 세상에 자비를 베푸시고 자신에게는 영원토록 저주하셔도 정당하다는 사실을 납득했다고 고백했습니다.
3. 어떤 이는 자기가 받은 모든 고통과 하나님께 드린 모든 기도를 하나님이 전혀 개의치 않으셔도 마땅하다는 사실을 알았다고 고백했습니다.

4. 어떤 이는 자기가 평생토록 구원을 찾고 최선의 수고를 다해도 자기의 모든 수고와 기도와 눈물은 눈곱만 한 죄도 속죄하지 못하며 하나님께 어떤 축복도 받을 만한 가치가 없으므로 하나님이 끝내 자기를 지옥에 던지셔도 마땅하다고 말했습니다.
5. 어떤 이는 자기는 하나님 손안에 있어 하나님 뜻대로 처리하실 수 있는 존재로 규정했습니다.
6. 어떤 이는 하나님이 자기에게 천벌을 내리셔도 영광 받으실 텐데 오래 전에 지옥에 던져버리지 않으시고 이토록 오래 살려 두시는 것이 놀랍다고 말했습니다.

📖 조나단 에드워즈, 《놀라운 부흥과 회심 이야기》, 백금산 역 (서울: 부흥과개혁사, 2014), 78–79.

 **22. 구약에 나타난 하나님의 구속의 예언의 목적은 무엇인가요?**

 하나님의 영광을 위하여!

구약에서도 하나님의 영광이 구속의 목적임을 말씀하고 있습니다.

시편 79:9 "우리 구원의 하나님이여 주의 이름의 영광스러운 행사를 위하여 우리를 도우시며 주의 이름을 증거하기 위하여 우리를 건지시며 우리 죄를 사하소서."

예수 그리스도의 구속의 예언의 말씀인 이사야 44장 23절에서도 마찬가지로 말씀하십니다.

이사야 44:23 "여호와께서 이 일을 행하셨으니 하늘아 노래할지어다 땅의 깊은 곳들아 높이 부를지어다 산들아 숲과 그 가운데의 모든 나무들아 소리 내어 노래할지어다 여호와께서 야곱을 구속하셨으니 이스라엘 중에 자기의 영광을 나타내실 것임이로다."

이사야 48:11 "나는 나를 위하며 나를 위하여 이를 이룰 것이라 어찌 내 이름을 욕되게 하리요 내 영광을 다른 자에게 주지 아니하리라."

이사야 49:3 "내게 이르시되 너는 나의 종이요 내 영광을 네 속에 나타낼 이스라엘이라 하셨느니라."

 23. 우리 주 예수 그리스도의 구속의 위대한 목적은 무엇인가요?

 하나님의 영광을 위하여!

로마서 3:25-26 "이 예수를 하나님이 그의 피로써 믿음으로 말미암는 화목제물로 세우셨으니 이는 하나님께서 길이 참으시는 중에 전에 지은 죄를 간과하심으로 자기의 의로우심을 나

타내려 하심이니 곧 이때에 자기의 의로우심을 나타내사 자기도 의로우시며 또한 예수 믿는 자를 의롭다 하려 하심이라."

에베소서 2:4-7 "긍휼이 풍성하신 하나님이 우리를 사랑하신 그 큰 사랑을 인하여 허물로 죽은 우리를 그리스도와 함께 살리셨고 (너희는 은혜로 구원을 받은 것이라) 또 함께 일으키사 그리스도 예수 안에서 함께 하늘에 앉히시니 이는 그리스도 예수 안에서 우리에게 자비하심으로써 그 은혜의 지극히 풍성함을 오는 여러 세대에 나타내려 하심이라."

에베소서 3:8-10 "모든 성도 중에 지극히 작은 자보다 더 작은 나에게 이 은혜를 주신 것은 측량할 수 없는 그리스도의 풍성함을 이방인에게 전하게 하시고 영원부터 만물을 창조하신 하나님 속에 감추어졌던 비밀의 경륜이 어떠한 것을 드러내게 하려 하심이라 이는 이제 교회로 말미암아 하늘에 있는 통치자들과 권세들에게 하나님의 각종 지혜를 알게 하려 하심이니."

히브리서 2:12 "이르시되 내가 주의 이름을 내 형제들에게 선포하고 내가 주를 교회 중에서 찬송하리라 하셨으며."

요한복음 17:26 "내가 아버지의 이름을 그들에게 알게 하였고 또 알게 하리니 이는 나를 사랑하신 사랑이 그들 안에 있고 나도 그들 안에 있게 하려 함이니이다."

이사야 64:1-2 "원하건대 주는 하늘을 가르고 강림하시고 주 앞에서 산들이 진동하기를 불이 섶을 사르며 불이 물을 끊임 같게 하사 주의 원수들이 주의 이름을 알게 하시며 이방 나라들로 주 앞에서 떨게 하옵소서."

성도는 죄의 지배에서 구원받았다는 것을 어떻게 아나요?

1. 죄의 지배에서 구원받은 것은 놀라운 자비와 특권입니다.
   베드로전서 1:18-19 "너희가 알거니와 너희 조상이 물려준 헛된 행실에서 대속함을 받은 것은 은이나 금같이 없어질 것으로 된 것이 아니요 오직 흠 없고 점 없는 어린 양 같은 그리스도의 보배로운 피로 된 것이니라."
2. 그리스도의 죽음과 보혈로 우리는 죄의 지배에서 구원받았습니다.
   고린도전서 6:20 "(너희는) 값으로 산 것이 되었으니."
3. 죄를 섬기는 일은 그리스도의 죽음을 경멸하는 것입니다.
   로마서 6:2 "그럴 수 없느니라 죄에 대하여 죽은 우리가 어찌 그 가운데 더 살리요."
4. 성령 하나님으로 인해 죄를 죽입니다.
   로마서 8:13 "영으로써 몸의 행실을 죽이면 살리니."
5. 신자의 의무는 죄를 죽이는 것입니다.
   로마서 6:17-18 "하나님께 감사하리로다 너희가 본래 죄의 종이더니 너희에게 전하여 준 바 교훈의 본을 마음으로 순종하여 죄로부터 해방되어 의에게 종이 되었느니라."
6. 그러나 이 죄와의 싸움은 이 세상에 있는 동안 계속됩니다.
7. 그리스도의 은혜에 의해 이 내재하는 죄가 완전히 소멸될 때가 찾아올 것입니다.

📖 존 오웬, 《죄와 은혜의 지배》, 이한상 역 (서울: 부흥과개혁사, 2012), 154-165.

 **24. 그리스도의 구속 역사의 목적은 무엇인가요?**

 하나님의 영광을 위하여!

그리스도의 구속의 역사는 바로 하나님의 영광임을 말씀하고 있습니다.

에베소서 1:12, 14 "이는 우리가 그리스도 안에서 전부터 바라던 그의 영광의 찬송이 되게 하려 하심이라……이는 우리 기업의 보증이 되사 그 얻으신 것을 속량하시고 그의 영광을 찬송하게 하려 하심이라."

고린도후서 4:14-15 "주 예수를 다시 살리신 이가 예수와 함께 우리도 다시 살리사 너희와 함께 그 앞에 서게 하실 줄을 아노라 이는 모든 것이 너희를 위함이니 많은 사람의 감사로 말미암아 은혜가 더하여 넘쳐서 하나님께 영광을 돌리게 하려 함이라."

주님의 구속 사역의 목적은 무엇인가요?

1. 원수들에 대한 하나님의 승리입니다.
2. 인간이 타락했을 때 상실된 것을 회복시키심입니다.
3. 피조물을 그리스도 안에서 연합시키심입니다.
4. 전체 교회를 영화롭게 합니다.
5. 삼위일체 하나님을 영화롭게 합니다.

📖 조나단 에드워즈, 《구속사》, 김귀탁 역 (서울: 부흥과개혁사, 2014), 165-169.

 25. 우리를 구원해 주신 목적은 무엇인가요?

 하나님의 영광을 위하여!

고린도전서 6:20 "값으로 산 것이 되었으니 그런즉 너희 몸으로 하나님께 영광을 돌리라."

사도 바울은 우리 자신을 하나님께 영광을 돌리기 위해 드릴 것을 말씀합니다. 또한 우리의 유익을 위한 삶이 아니라 하나님의 영광을 위한 삶을 살아야 함을 말씀합니다. 하나님께 영광을 돌리는 것이 신앙인의 목적이며, 그것이 그리스도가 우리를 구속하신 목적임을 말씀하는 것입니다.

구원을 받는다는 말의 의미는 무엇인가요?

심판에서 구원받는 것이고, 더 분명하게는 심판의 날, 지옥에서 하나님의 영원한 형벌을 받는 것에서 구원받는 것입니다.

📖 더글라스 A. 스위니, 오웬 스트라챈, 《조나단 에드워즈의 천국과 지옥》, 김찬영 역 (서울: 부흥과개혁사, 2012), 104.

성경에서 말하고 있는 지옥의 형벌은 무엇인가요?

영원한 형벌입니다.

이사야 66:15-16, 24 "보라 여호와께서 불에 둘러싸여 강림하시리니 그의 수레들은 회오리바람 같으리로다 그가 혁혁한 위세로 노여움을 나타내시며 맹렬한 화염으로 책망하실 것이라 여호와께서 불과 칼로 모든 혈육에게 심판을 베푸신즉 여호와께 죽임 당할 자가 많으리니……그들이 나가서 내게 패역한 자들의 시체들을 볼 것이라 그 벌레가 죽지 아니하며 그 불이 꺼지지 아니하여 모든 혈육에게 가증함이 되리라."

다니엘 12:1-2 "그때에 네 민족을 호위하는 큰 군주 미가엘이 일어날 것이요 또 환난이 있으리니 이는 개국 이래로 그때까지 없던 환난일 것이며 그때에 네 백성 중 책에 기록된 모든 자가 구원을 받을 것이라 땅의 티끌 가운데에서 자는 자 중에서 많은 사람이 깨어나 영생을 받는 자도 있겠고 수치를 당하여서 영원히 부끄러움을 당할 자도 있을 것이며."

마태복음 23:33 "뱀들아 독사의 새끼들아 너희가 어떻게 지옥의 판결을 피하겠느냐."

마가복음 9:48-49 "거기에서는 구더기도 죽지 않고 불도 꺼지지 아니하느니라 사람마다 불로써 소금 치듯 함을 받으리라."

누가복음 12:4-5 "내가 내 친구 너희에게 말하노니 몸을 죽이고 그 후에는 능히 더 못하는 자들을 두려워하지 말라 마땅히 두려워할 자를 내가 너희에게 보이리니 곧 죽인 후에 또한 지옥에 던져 넣는 권세 있는 그를 두려워하라 내가 참으로 너희에게 이르노니 그를 두려워하라."

데살로니가후서 1:7-9 "환난을 받는 너희에게는 우리와 함께 안식으로 갚으시는 것이 하나님의 공의시니 주 예수께서 자기의 능력의 천사들과 함께 하늘로부터 불꽃 가운데에 나타나실 때에 하나님을 모르는 자들과 우리 주 예수의 복음에 복종하지 않는 자들에게 형벌을 내리시리니 이런 자들은 주의 얼굴과 그의 힘의 영광을 떠나 영원한 멸망의 형벌을 받으리로다."

요한계시록 14:19-20 "천사가 낫을 땅에 휘둘러 땅의 포도를 거두어 하나님의 진노의 큰 포도주 틀에 던지매 성 밖에서 그 틀이 밟히니 틀에서 피가 나서 말 굴레에까지 닿았고 천육백 스다디온에 퍼졌더라."

 26. 주님을 통한 구속 사역의 목적은 무엇인가요?

 하나님의 영광을 위하여!

에베소서 1:6, 12, 14 "이는 그가 사랑하시는 자 안에서 우리에게 거저 주시는 바 '그의 은혜의 영광을 찬송하게 하려는 것'이라……이는 우리가 그리스도 안에서 전부터 바라던 '그의 영광의 찬송이 되게 하려 하심'이라……이는 우리 기업의 보증이 되사 그 얻으신 것을 속량하시고 '그의 영광을 찬송하게 하려 하심'이라."

위의 말씀에서 '그의 영광을 찬송하게 하려는 것'이라고 말씀하고 있습니다. 이것은 빌립보서 1장 11절의 "하나님의 영광과 찬송이 되기를"의 의미입니다.

하나님의 위대한 구속의 영광스러운 목적은 그의 후손 가운데서 메시아가 오시는 것입니다. 이보다 더 영광스러운 일이 어디에 있겠습니까! 하나님을 찬양하는 것이 구속사의 목적입니다.

회심 체험의 통일성과 다양성은 어떤가요?

1. 어떤 이는 정죄하시는 하나님의 공의에 대한 확신을 더 분명히 말합니다.
2. 어떤 이는 그리스도로 말미암은 구원의 방법에 대한 동의를 더 많이 말합니다.
3. 어떤 이는 하나님과 그리스도의 사랑에 대해 더 많이 말합니다.
4. 어떤 이는 하나님의 약속에 있는 진리와 신실함을 더 기쁘게 확신하는 신뢰의 행위를 강조합니다.
5. 어떤 이는 하나님 안에 안식하며 그분과 교제하기를 간절히 사모하는 것을 강조합니다.
6. 어떤 이는 과거의 죄로 인한 혐오와 장차 하나님의 영광을 위해 살겠다는 간절한 소망을 강조합니다.
7. 어떤 이는 더 마음을 하나님께 집중하고, 어떤 이는 그리스도에게 더 집중합니다.
8. 하나님의 역사는 다양성 속에서 더 영광스럽고 그만큼 더 다양하고 헤아릴 수 없는 하나님의 지혜를 보여주었습니다.

📖 조나단 에드워즈, 《놀라운 부흥과 회심 이야기》, 백금산 역 (서울: 부흥과개혁사, 2014), 109–110.

 27. 하나님의 백성들에 대한 용서와 구원의 목적은 무엇인가요?

 하나님의 영광을 위하여!

이사야 48:9-11 "내 이름을 위하여 내가 노하기를 더디 할 것이며 내 영광을 위하여 내가 참고 너를 멸절하지 아니하리라 보라 내가 너를 연단하였으나 은처럼 하지 아니하고 너를 고난의 풀무 불에서 택하였노라 나는 나를 위하며 나를 위하여 이를 이룰 것이라 어찌 내 이름을 욕되게 하리요 내 영광을 다른 자에게 주지 아니하리라."

왜 지옥을 선포해야 할까요?

1. 성경의 복음에 충실해야 하기 때문입니다.
2. 지옥에 대한 가르침은 영혼 구원에 매우 효과가 있습니다.
3. 죄에 진지하게 대면하여 소리 질러 하나님의 자비를 구하도록 하기 위해서입니다.

📖 더글라스 A. 스위니, 오웬 스트라챈, 《조나단 에드워즈의 천국과 지옥》, 김찬영 역 (서울: 부흥과개혁사, 2012), 105-106.

 28. 고난 속에서 성도가 해야 할 일은 무엇인가요?

 하나님의 영광을 위하여!

하나님께 영광을 돌려야 합니다.

베드로전서 4:14 "너희가 그리스도의 이름으로 치욕을 당하면 복 있는 자로다 영광의 영 곧 하나님의 영이 너희 위에 계심이라."

베드로전서 4:16 "만일 그리스도인으로 고난을 받으면 부끄러워하지 말고 도리어 그 이름으로 하나님께 영광을 돌리라."

죄의 목표는 무엇인가요?

인간을 지배하는 것입니다.
시편 19:12-13 "자기 허물을 능히 깨달을 자 누구리요 나를 숨은 허물에서 벗어나게 하소서 또 주의 종에게 고의로 죄를 짓지 말게 하사 그 죄가 나를 주장하지 못하게 하소서 그리하면 내가 정직하여 큰 죄과에서 벗어나겠나이다."

1. 죄는 여전히 신자 안에 머물고 있습니다(롬 7:24).
   로마서 7:24 "오호라 나는 곤고한 사람이로다 이 사망의 몸에서 누가 나를 건져내랴."
   갈라디아서 5:17 "육체의 소욕은 성령을 거스르고."
   로마서 6:6 "우리가 알거니와 우리의 옛 사람이 예수와 함께 십자가에 못 박힌 것은."

> 갈라디아서 5:24 "그리스도 예수의 사람들은 육체와 함께 그 정욕과 탐심을 십자가에 못 박았느니라."
> 골로새서 3:5 "그러므로 땅에 있는 지체를 죽이라."
> 2. 죄는 지배력을 얻기 위해 활동합니다. 기만과 속임과 강압으로 활동합니다.
> 3. 그러나 죄는 신자를 전적으로 지배할 수는 없습니다(롬 6:16).
> 로마서 6:16 "너희 자신을 종으로 내주어 누구에게 순종하든지 그 순종함을 받는 자의 종이 되는 줄을 너희가 알지 못하느냐 혹은 죄의 종으로 사망에 이르고 혹은 순종의 종으로 의에 이르느니라."
> 📖 존 오웬, 《죄와 은혜의 지배》, 이한상 역 (서울: 부흥과개혁사, 2012), 36-43.

 29. 인간 구원의 궁극적 목적은 무엇인가요?

 하나님의 영광을 위하여!

구원의 궁극적 목적은 하나님의 영광입니다.

빌립보서 2:6-11 "그는 근본 하나님의 본체시나 하나님과 동등됨을 취할 것으로 여기지 아니하시고 오히려 자기를 비워 종의 형체를 가지사 사람들과 같이 되셨고 사람의 모양으로 나타나사 자기를 낮추시고 죽기까지 복종하셨으니 곧 십자가에 죽으심이라 이러므로 하나님이 그를 지극히 높여 모든 이름 위에 뛰어난 이름을 주사 하늘에 있는 자들과 땅에 있는 자들과 땅 아래에 있는 자들로 모든 무릎을 예수의 이름에 꿇게 하시고 모든 입으로 예수 그리스도를 주라 시인하여 하나님 아버지께 영광을 돌리게 하셨느니라."

시편 50:15 "환난 날에 나를 부르라 내가 너를 건지리니 네가 나를 영화롭게 하리로다."

죄가 신자에게도 지배권을 가질 수 있나요?

죄는 신자에게 지배권을 가지고 있지 못합니다.
1. 죄는 지배할 권리를 박탈당한 상태입니다. 죄는 지배할 권리가 박탈당한 상태이며, 죄는 인간의 영혼 속에 다스릴 권한이 없습니다.
    로마서 6:16 "너희 자신을 종으로 내주어 누구에게 순종하든지 그 순종함을 받는 자의 종이 되는 줄을 너희가 알지 못하느냐 혹은 죄의 종으로 사망에 이르고 혹은 순종의 종으로 의에 이르느니라."
2. 죄 안에 있는 자는 죄에게 자기 자신을 노예로 내어준 것입니다.
3. 모든 신자는 죄를 물리칠 권리를 가지고 있습니다.
4. 죄의 지배는 인간의 파멸을 목적으로 하며 악합니다.
    예레미야 2:13, 19 "내 백성이 두 가지 악을 행하였나니 곧 그들이 생수의 근원 되는 나를 버린 것과 스스로 웅덩이를 판 것인데 그것은 그 물을 가두지 못할 터진 웅덩이들이니라……네 악이 너를 징계하겠고 네 반역이 너를 책망할 것이라 그런즉 네 하나님 여호와를 버림과 네 속에 나를 경외함이 없는 것이 악이요 고통인 줄 알라 주 만군의 여호와의 말씀이니라."
5. 죄가 지배력을 발휘하기 위해선, 죄가 인간에게 순종을 요구합니다(롬 6:14, 16, 8:7).

6. 죄는 지배력을 발휘하기 위해 신자가 은혜의 지배를 받지 못하게 합니다.
골로새서 3:15 "그리스도의 평강이 너희 마음을 주장하게 하라 너희는 평강을 위하여 한 몸으로 부르심을 받았나니 너희는 또한 감사하는 자가 되라."
7. 은혜의 지배를 받는 신자는 끊임없이 하나님을 추구합니다.
사도행전 11:23 "그가 이르러 하나님의 은혜를 보고 기뻐하여 모든 사람에게 굳건한 마음으로 주와 함께 머물러 있으라 권하니."
8. 은혜의 지배를 받는 신자는 끊임없이 은혜의 작용을 통해 기독교적 의무를 수행합니다. 죄와 은혜의 지배가 한 영혼 속에 함께 역사할 수 없습니다.
9. 신자는 죄의 지배를 인지합니다.
(1) 죄는 신자가 마음으로 자각할 때 그 마음을 억누릅니다.
로마서 2:15 "이런 이들은 그 양심이 증거가 되어 그 생각들이 서로 혹은 고발하며 혹은 변명하여 그 마음에 새긴 율법의 행위를 나타내느니라."
(2) 죄는 신자의 마음과 정서를 죄에 기울어지게 합니다.
📖 존 오웬, 《죄와 은혜의 지배》, 이한상 역 (서울: 부흥과개혁사, 2012), 46-67.

 30. 회개하지 않는 죄인에 대한 하나님의 진노와 십자가 구속의 은혜의 목적은 무엇인가요?

 하나님의 영광을 위하여!
하나님의 영광은 '진노의 시행과 영광스러운 자비의 시행' 양자 모두가 목적입니다.

로마서 9:22-23 "만일 하나님이 그의 진노를 보이시고 그의 능력을 알게 하고자 하사 멸하기로 준비된 진노의 그릇을 오래 참으심으로 관용하시고 또한 영광 받기로 예비하신 바 긍휼의 그릇에 대하여 그 영광의 풍성함을 알게 하고자 하셨을지라도 무슨 말을 하리요."

죄인에 대한 하나님의 진노는 어떠한가요?

1. 하나님의 진노는 무한합니다(잠 20:2).
2. 맹렬한 진노입니다(사 59:18, 66:15; 계 19:15).
3. 무서운 진노입니다(롬 9:22; 사 33:12-14, 66:23-24).
4. 영원토록 지속되는 진노입니다.

📖 조나단 에드워즈, 《진노한 하나님의 손에 붙들린 죄인들》, 안보헌 역 (서울: 생명의말씀사, 2004), 39-59.

 **31. 죄를 용서해 주시는 것과 도움과 해방과 구원을 주시는 목적은 무엇인가요?**

 하나님의 영광을 위하여!

시편 25:11 "여호와여 나의 죄악이 크오니 주의 이름으로 말미암아 사하소서."

시편 79:9 "우리 구원의 하나님이여 주의 이름의 영광스러운 행사를 위하여 우리를 도우시며 주의 이름을 증거하기 위하여 우리를 건지시며 우리 죄를 사하소서."

예레미야 14:7 "여호와여 우리의 죄악이 우리에게 대하여 증언할지라도 주는 주의 이름을 위하여 일하소서 우리의 타락함이 많으니이다 우리가 주께 범죄하였나이다."

요한일서 2:12 "자녀들아 내가 너희에게 쓰는 것은 너희 죄가 그의 이름으로 말미암아 사함을 받았음이요."

예레미야 33:8-9 "내가 그들을 내게 범한 그 모든 죄악에서 정하게 하며 그들이 내게 범하며 행한 모든 죄악을 사할 것이라 이 성읍이 세계 열방 앞에서 나의 기쁜 이름이 될 것이며 찬송과 영광이 될 것이요 그들은 내가 이 백성에게 베푼 모든 복을 들을 것이요 내가 이 성읍에 베푼 모든 복과 모든 평안으로 말미암아 두려워하며 떨리라."

정말 마지막 심판이 있을까요?

심판은 정말 있습니다. 마지막 심판의 날이 다가오고 있습니다. 하나님의 진노는 추상적인 것이거나 비인격적인 것이 아닙니다. 진노는 인격적인 것이며, 진노는 바로 하나님 자신의 진노입니다. 하나님께서는 악인들에게 자신의 진노를 쏟을 것이라고 자주 말씀하셨습니다. 악인들은 자신이 받을 진노를 스스로 쌓아 올립니다(계 20:10, 14, 21:8, 27, 22:12, 15).

📖 더글라스 A. 스위니, 오웬 스트라챈, 《조나단 에드워즈의 천국과 지옥》, 김찬영 역 (서울: 부흥과개혁사, 2012), 제2장, 81.

요한계시록 14장 10절을 보면, "그도 하나님의 진노의 포도주를 마시리니 그 진노의 잔에 섞인 것이 없이 부은 포도주라 거룩한 천사들 앞과 어린 양 앞에서 불과 유황으로 고난을 받으리니"라고 하였습니다.

 32. 구원받은 성도가 제일 먼저 해야 할 일은 무엇인가요?

 하나님의 영광을 위하여!

시편 22:21-22 "나를 사자의 입에서 구하소서 주께서 내게 응답하시고 들소의 뿔에서 구원하셨나이다 내가 주의 이름을 형제에게 선포하고 회중 가운데에서 주를 찬송하리이다."

구원받은 성도는 하나님의 영광을 위하여 삶을 살 때 비로소 안전합니다(들소의 뿔에서 구원하심). 또한 하나님 안에서 진정한 만족과 평안을 얻을 수 있습니다. 하나님이 함께하시며 하나님이 하나님의 이름의 영광을 위하여 하나님의 백성들을 지키시기 때문입니다. 다른 길은 없습니다.

회심한 자들에게 나타나는 공통적 현상은 무엇인가요?

1. 하나님 앞에서 엎드리고 싶어 하는 겸손한 마음을 표현합니다.
2. 값없고 주권적인 은혜로 말미암아 오직 그리스도의 의를 통해서 구원받는 길이 얼마나 탁월한 방법인지 깨닫습니다.
3. 자기 의를 기꺼이 버리는 것이 얼마나 중요한지 깨닫습니다.

📖 조나단 에드워즈, 《부흥론》, 양낙흥 역 (서울: 부흥과개혁사, 2013), 171.

 **33. 애굽과 바벨론에서 이스라엘을 구원하신 목적은 무엇인가요?**

 하나님의 영광을 위하여!

사무엘하 7:23 "땅의 어느 한 나라가 주의 백성 이스라엘과 같으리이까 하나님이 가서 구속하사 자기 백성으로 삼아

주의 명성을 내시며 그들을 위하여 큰일을, 주의 땅을 위하여 두려운 일을 애굽과 많은 나라들과 그의 신들에게서 구속하신 백성 앞에서 행하셨사오며."

시편 106:7-8 "우리의 조상들이 애굽에 있을 때 주의 기이한 일들을 깨닫지 못하며 주의 크신 인자를 기억하지 아니하고 바다 곧 홍해에서 거역하였나이다 그러나 여호와께서는 자기의 이름을 위하여 그들을 구원하셨으니 그의 큰 권능을 만인이 알게 하려 하심이로다."

이사야 63:12 "그의 영광의 팔이 모세의 오른손을 이끄시며 그의 이름을 영원하게 하려 하사 그들 앞에서 물을 갈라지게 하시고."

다니엘서에서 말씀하십니다. 애굽 땅에서의 구원은 하나님의 이름의 영광이 그 목적이었다고 말입니다.

다니엘 9:15 "강한 손으로 주의 백성을 애굽 땅에서 인도하여 내시고 오늘과 같이 명성을 얻으신 우리 주 하나님이여 우리는 범죄하였고 악을 행하였나이다."

애굽과 바벨론에서 구원하신 것은, "이는 내 이름을 위함이라"(겔 20:9, 14, 22)고 하십니다. "내 이름을 그 이방인의 눈앞에서 더럽히지 아니하려고 행하였음이라"고 말씀하십니다.

하나님의 구원이 사람들의 마음에 능력으로 역사하는 곳에 나타나는 공통점은 무엇인가요?

1. 죄를 깨닫습니다.
2. 하나님의 진노의 위험성을 깨닫습니다.
3. 그리스도의 충족성을 알게 됩니다.
4. 우리의 모든 영적 결핍과 문제에서 우리를 건져 주시는 것을 알게 됩니다.
5. 영혼으로 하여금 다양한 은혜의 도움을 받아 마음을 다해 거룩한 성경 안에 계시되어 있는 그분을 받아들입니다.

📖 조나단 에드워즈, 《부흥론》, 양낙흥 역 (서울: 부흥과개혁사, 2013), 180.

 **34. 바벨론 포로에서 구속하신 목적은 무엇인가요?**

 하나님의 영광을 위하여!
하나님의 이름의 영광을 위하여라 하십니다

에스겔 20:34-38 "능한 손과 편 팔로 분노를 쏟아 너희를 여러 나라에서 나오게 하며 너희의 흩어진 여러 지방에서 모아내고 너희를 인도하여 여러 나라 광야에 이르러 거기에서 너희를 대면하여 심판하되 내가 애굽 땅 광야에서 너희 조상들을 심판한 것같이 너희를 심판하리라 주 여호와의 말씀이니라 내가 너희를 막대기 아래로 지나가게 하며 언약의 줄로 매려니와 너희 가운데에서 반역하는 자와 내게 범죄하는 자를 모두 제하여 버릴지라 그들을 그 머물러 살던 땅에서는 나오게 하여도 이스라엘 땅에는 들어가지 못하게 하리니 너희가 나는 여호와인 줄을 알리라."

에스겔 20:42 "내가 내 손을 들어 너희 조상들에게 주기로 맹세한 땅 곧 이스라엘 땅으로 너희를 인도하여 들일 때에 너희는 내가 여호와인 줄 알고."

에스겔 20:44 "이스라엘 족속아 내가 너희의 악한 길과 더러운 행위대로 하지 아니하고 내 이름을 위하여 행한 후에야 내가 여호와인 줄 너희가 알리라 주 여호와의 말씀이니라."

바벨론 포로생활에서 구원하신 것 또한 하나님의 이름을 위하여 행하신 것임을 말씀하십니다.

이사야 48:9-10 "내 이름을 위하여 내가 노하기를 더디 할 것이며 내 영광을 위하여 내가 참고 너를 멸절하지 아니하리라 보라 내가 너를 연단하였으나 은처럼 하지 아니하고 너를 고난의 풀무 불에서 택하였노라."

에스겔 36:21-23 "그러나 이스라엘 족속이 들어간 그 여러 나라에서 더럽힌 내 거룩한 이름을 내가 아꼈노라 그러므로 너는 이스라엘 족속에게 이르기를 주 여호와께서 이같이 말씀하시기를 이스라엘 족속아 내가 이렇게 행함은 너희를 위함이 아니요 너희가 들어간 그 여러 나라에서 더럽힌 나의 거룩한 이름을 위함이라 여러 나라 가운데에서 더럽혀진 이름 곧 너희가 그들 가운데에서 더럽힌 나의 큰 이름을 내가 거룩하게 할지라 내가 그들의 눈앞에서 너희로 말미암아 나의 거룩함을 나타내리니 내가 여호와인 줄을 여러 나라 사람이 알리라 주 여호와의 말씀이니라."

에스겔 39:25 "그러므로 주 여호와께서 이같이 말씀하셨느니라 내가 이제 내 거룩한 이름을 위하여 열심을 내어 야곱의 사로잡힌 자를 돌아오게 하며 이스라엘 온 족속에게 사랑을 베풀지라."

그 외에도 에스겔서는 하나님의 영광을 위하여 많은 말씀을 하고 있습니다. 에스겔 28장 23, 26절, 36장 11절, 37장 6, 13절 등입니다.

바벨론 포로가 그리스도의 오심을 준비시킨 일들에는 무엇이 있나요?

1. 세상으로 흩어졌습니다. 이들은 주님의 복음을 세상으로 전하는 데 중요한 전진기지 역할을 합니다. 왜냐면 그들은 가는 곳마다 성경을 가지고 갔고 메시아에 대한 예언과 기대를 가지고 있었기 때문입니다.
2. 그들 속에 있는 우상숭배가 사라졌습니다. 우상숭배로 인해 그들이 고난 받는다는 것을 알았기 때문입니다. 할 수 있는 한 절기마다 예루살렘으로 왔습니다.

3. 유대인 중심의 섭리가 폐지되고 은혜 언약의 새로운 섭리를 보여주었습니다. 구약의 제사법은 당연히 지킬 수 없기에 새로운 세상 모든 곳에 적용될 새로운 필요성을 보여줍니다.
4. 이들이 예루살렘에 오고 감을 통해 메시아에 대해 세상에 알려 주었습니다.
5. 그들은 십자가에 대하여 세상에 알려 주었습니다.
6. 디아스포라는 오순절 성령의 역사를 세상에 알려 주었습니다.
7. 디아스포라를 통해 사도들의 복음 전파에 미리 준비하는 역할을 하였습니다.
8. 디아스포라가 있는 곳마다 있었던 회당은 복음 전파를 하는 데 큰 도움이 되었습니다.
9. 헬라 제국의 건설은 그리스도의 오심과 그의 나라가 세상에 세워지는 것을 크게 준비하는 역할을 했습니다. 왜냐하면 세계 많은 곳에서 헬라어를 사용했기 때문입니다. 이것은 복음을 다른 민족에게 전하는 데 매우 도움이 되었습니다. 신약성경도 헬라어로 기록되었습니다.
10. 구약이 헬라어로 번역되었으니 70인역 또한 복음 전파에 매우 큰 힘이 되었습니다. 전 세계에 디아스포라로 유대인이 퍼져 있고, 그들이 있는 곳마다 회당이 있고, 그리고 한 언어로 된 헬라어 성경을 헬라의 힘이 미치는 곳에는 사용하고 있었으니, 복음을 전하는 데 매우 도움이 되었고 복음 전파가 준비된 상황이었습니다.
11. 그리스도와 사도들이 활동하던 당시 세계가 로마 제국이라는 한 정부 아래 예속되어 있었기 때문에 사도들이 여행하고 세상에 복음을 전파하는 데 무척 편리했습니다.

📖 조나단 에드워즈, 《구속사》, 김귀탁 역 (서울: 부흥과개혁사, 2014), 설교 11, 12, 335–381.

 **35. 모든 전쟁에서 이스라엘을 구원하신 목적은 무엇인가요?**

 하나님의 영광을 위하여!

하나님의 이름의 영광을 위하여 모든 위험과 전쟁으로부터 구원하셨습니다.

시편 106:8 "그러나 여호와께서는 자기의 이름을 위하여 그들을 구원하셨으니 그의 큰 권능을 만인이 알게 하려 하심이로다."

하나님이 죄를 용서해 주시고 용납해 주신다는 위로를 얻기 전에 겪는 두려움에는 무엇이 있나요?

1. 자기들 영에 여전히 머물러 있다는 두려움, 부담감, 그리고 고통으로 잠을 잡니다.
2. 구원에 가까울수록 스스로가 얼마나 비참한지를 더 깨닫고 두려워합니다.
3. 사탄이 강하게 역사해서 장애물을 놓습니다.
4. 어떤 사람은 절망의 경계까지 갑니다. 사탄은 우울증을 잘 이용합니다.
5. 죄로 인해 죽은 상태라는 것을 철저히 느낍니다.
6. 죄를 자백하고, 많은 신앙적 의무를 행하며 하나님의 진노를 달래고 자기들이 행한 범죄를 보상하고자 은근히 희망합니다.
7. 눈물로 죄를 자백하고 기도합니다.
8. 죄를 계속 깨닫습니다.
9. 하나님의 영은 그들을 저버릴 만큼 진노하시는 않는다는 것을 깨닫습니다.
10. 그리고 거룩한 즐거움을 누리는 데까지 성장합니다.

📖 조나단 에드워즈, 《부흥론》, 양낙흥 역 (서울: 부흥과개혁사, 2013), 213-220.

 36. 이스라엘이 가나안에 들어가게 되는 목적은 무엇인가요?

 하나님의 영광을 위하여!

여호수아 7:8-9 "주여 이스라엘이 그의 원수들 앞에서 돌아섰으니 내가 무슨 말을 하오리이까 가나안 사람과 이 땅의 모든 사람들이 듣고 우리를 둘러싸고 우리 이름을 세상에서 끊으리니 주의 크신 이름을 위하여 어떻게 하시려 하나이까 하니."

여호수아를 통한 구원 역시 하나님의 크신 이름을 위하여 하신다는 것을 말씀하고 있습니다.

죄가 우리의 삶에 영향을 주지 않도록 하기 위해서는 어떻게 해야 하나요?

1. 죄가 활동을 시작할 때 경계해야 합니다.
   야고보서 1:14-15 "오직 각 사람이 시험을 받는 것은 자기 욕심에 끌려 미혹됨이니 욕심이 잉태한즉 죄를 낳고 죄가 장성한즉 사망을 낳느니라."
2. 죄에게 도움을 주는 행위를 하고 있는 것은 아닌지 주의해야 합니다.
   시편 19:12-13 "자기 허물을 능히 깨달을 자 누구리요 나를 숨은 허물에서 벗어나게 하소서 또 주의 종에게 고의로 죄를 짓지 말게 하사 그 죄가 나를 주장하지 못하게 하소서 그리하면 내가 정직하여 큰 죄과에서 벗어나겠나이다."

3. 항상 하나님의 말씀 아래 마음을 지켜 부드럽게 해야 합니다.

(1) 죄의 경향을 떨쳐 버려야 합니다.

야고보서 1:21 "그러므로 모든 더러운 것과 넘치는 악을 내버리고."

(2) 우리의 영혼을 향해 부드러운 마음의 능력과 그 효과를 가져다주는 하나님의 말씀에 대한 경험을 보존해야 합니다.

베드로전서 2:1-3 "그러므로 모든 악독과 모든 기만과 외식과 시기와 모든 비방하는 말을 버리고 갓난아기들같이 순전하고 신령한 젖을 사모하라 이는 그로 말미암아 너희로 구원에 이르도록 자라게 하려 함이라 너희가 주의 인자하심을 맛보았으면 그리하라."

(3) 하나님의 말씀을 전하는 자에게 대적하려는 마음을 버려야 합니다.

갈라디아서 4:16 "그런즉 내가 너희에게 참된 말을 하므로 원수가 되었느냐."

(4) 부드러운 마음과 항상 겸비한 마음을 지니도록 마음을 지켜야 합니다.

시편 25:9 "온유한 자를 정의로 지도하심이여 온유한 자에게 그의 도를 가르치시리로다."

(5) 말씀을 통해 주시는 유익을 얻기 위해 노력하며 기도해야 합니다.

4. 죄에 대해 안심하는 태도를 미워하십시오.

5. 그리스도께 끊임없이 간구하십시오.

히브리서 4:16 "그러므로 우리는 긍휼하심을 받고 때를 따라 돕는 은혜를 얻기 위하여 은혜의 보좌 앞에 담대히 나아갈 것이니라."

6. 죄의 지배에서 구속받았다는 사실을 기억하십시오.

📖 존 오웬, 《죄와 은혜의 지배》, 이한상 역 (서울: 부흥과개혁사, 2012), 169-174.

제4장

복음

 37. 복음을 전하는 목적은 무엇인가요?

 하나님의 영광을 위하여!

요한계시록 11:13 "그때에 큰 지진이 나서 성 십분의 일이 무너지고 지진에 죽은 사람이 칠천이라 그 남은 자들이 두려워하여 영광을 하늘의 하나님께 돌리더라."

요한계시록 14:6-7 "또 보니 다른 천사가 공중에 날아가는데 땅에 거주하는 자들 곧 모든 민족과 종족과 방언과 백성에게 전할 영원한 복음을 가졌더라 그가 큰 음성으로 이르되 하나님을 두려워하며 그에게 영광을 돌리라 이는 그의 심판의 시간이 이르렀음이니 하늘과 땅과 바다와 물들의 근원을 만드신 이를 경배하라 하더라."

사도행전 11:18 "그들이 이 말을 듣고 잠잠하여 하나님께 영광을 돌려 이르되 그러면 하나님께서 이방인에게도 생명 얻는 회개를 주셨도다 하니라."

고린도후서 9:13 "이 직무로 증거를 삼아 너희가 그리스도의 복음을 진실히 믿고 복종하는 것과 그들과 모든 사람을 섬기는 너희의 후한 연보로 말미암아 하나님께 영광을 돌리고."

갈라디아서 1:24 "나(바울)로 말미암아 하나님께 영광을 돌리니라."

아우구스티누스(어거스틴)는 《고백록》에서 이렇게 고백했습니다.

"당신은 당신을 위하여 우리를 창조하셨습니다. 그러므로 당신 안에서 안식을 찾을 때까지 우리 마음에는 평화가 없나이다."

복음 안에 있는 영혼을 만족시켜 주는 '하나님의 영광'을 위해 하나님께서는 인간을 창조하셨습니다. 하나님을 기뻐하는 것과 하나님께 영광을 돌리는 것은 하나이며, 바로 이 목적이 세계 선교의 목적입니다.

그리스도께서는 비하 상태에 계시는 동안 구속을 이루셨습니다. 그것을 믿지 않는 자들에게 어떤 것에 대하여 책망하셨나요?

1. 불신앙에 대한 책망
2. 자기 의에 대한 책망
3. 그리스도의 구원을 무시한 것에 대한 책망

📖 조나단 에드워즈, 《구속사》, 김귀탁 역 (서울: 부흥과개혁사, 2014), 설교 17, 434.

 38. 복음은 믿는 자에게 무엇이 되나요?

 하나님의 영광을 위하여!

복음은 믿는 자에게 영광이 됩니다.

하나님의 이름의 영광은, 하나님의 이름이 세상에 전파되는 것을 목적으로 합니다. 복음으로 인하여 믿는 자들은 예수 그리스도의 영광을 얻게 됩니다.

고린도전서 2:7 "오직 은밀한 가운데 있는 하나님의 지혜를 말하는 것으로서 곧 감추어졌던 것인데 하나님이 우리의 영광을 위하여 만세 전에 미리 정하신 것이라."

베드로전서 1:8 "예수를 너희가 보지 못하였으나 사랑하는도다 이제도 보지 못하나 믿고 말할 수 없는 영광스러운 즐거움으로 기뻐하니."

출애굽기 9:16 "내가 너를 세웠음은 나의 능력을 네게 보이고 내 이름이 온 천하에 전파되게 하려 하였음이니라."

다니엘 4:17 "이는 순찰자들의 명령대로요 거룩한 자들의 말대로이니 지극히 높으신 이가 사람의 나라를 다스리시며 자기의 뜻대로 그것을 누구에게든지 주시며 또 지극히 천한 자를 그 위에 세우시는 줄을 사람들이 알게 하려 함이라 하였느니라."

그리스도의 부활과 승천, 그리고 하나님 보좌 우편에 앉으신 후에 나타난 일들에는 어떤 것이 있나요?

1. 유대인 중심의 섭리가 폐지됨.
2. 기독교적 안식일, 주일이 지정됨.
3. 그리스도가 복음 사역을 정하고, 그의 사도들에게 모든 민족을 가르치고 세례를 주도록 사명을 주고 파송함.

📖 조나단 에드워즈, 《구속사》, 김귀탁 역 (서울: 부흥과개혁사, 2014), 설교 19, 472-473.

 **39. 이방인들에게 복음을 전해야 하는 이유는 무엇인가요?**

 하나님의 영광을 위하여!

> **사도행전 11:18** "그들이 이 말을 듣고 잠잠하여 하나님께 영광을 돌려 이르되 그러면 하나님께서 이방인에게도 생명 얻는 회개를 주셨도다 하니라."
>
> **고린도후서 9:13** "이 직무로 증거를 삼아 너희가 그리스도의 복음을 진실히 믿고 복종하는 것과 그들과 모든 사람을 섬기는 너희의 후한 연보로 말미암아 하나님께 영광을 돌리고."
>
> **갈라디아서 1:24** "나(바울)로 말미암아 하나님께 영광을 돌리니라."

하나님의 성령으로 된 일이라는 것은 어떻게 알 수 있나요?

1. 신앙에 대해 비상한 관심과 열심을 불러일으킴으로 알 수 있습니다.
2. 성령의 사역을 증진시키기 위해 최선을 다한다면 알 수 있습니다.
3. 동역자를 동참시키고 그 일에 노력하면 알 수 있습니다.
4. 겸손과 자기 부인, 그리고 우리 주 예수 그리스도를 온전히 의지하면 알 수 있습니다.

📖 조나단 에드워즈, 《부흥론》, 양낙흥 역 (서울: 부흥과개혁사, 2013), 338-381.

제5장

교회

 **40. 교회는 무엇을 목적으로 삼아야 하나요?**

 하나님의 영광을 위하여!

예루살렘 교회

사도행전 11:18 "그들이 이 말을 듣고 잠잠하여 하나님께 영광을 돌려 이르되 그러면 하나님께서 이방인에게도 생명 얻는 회개를 주셨도다 하니라."

안디옥 교회

사도행전 13:48 "이방인들이 듣고 기뻐하여 하나님의 말씀을 찬송하며 영생을 주시기로 작정된 자는 다 믿더라."

콘스탄틴이 보좌에 오르고 난 후에 일어난 일들은 무엇인가요?

1. 교회는 박해로부터 완전히 구원을 받았다.
2. 박해자들은 하나님의 두려운 심판을 받았다.
3. 우상숭배가 로마 전역에서 사라졌다.
4. 교회는 평화의 시대를 맞이했다. 홍수 이래 세계에서 일어난 가장 큰 변화와 변혁이었다.
5. 그러나 이 일이 있기까지 모두 열 번의 엄청난 박해들이 수백 년간 있었다. 그중 네로, 아드리안 등 대박해들이 있었고, 박해하는 이들은 교회와 성경을 없애려 했으나 모두 실패로 돌아갔다.

📖 조나단 에드워즈, 《구속사》, 김귀탁 역 (서울: 부흥과개혁사, 2014), 설교 21, 512–513.

 **41. 하나님께서 예배를 만드신 목적은 무엇인가요?**

 하나님의 영광을 위하여!
하나님의 영광은 인류 가운데에 하나님께서 공적 예배와 제도를 세우신 목적입니다.

학개 1:8 "너희는 산에 올라가서 나무를 가져다가 성전을 건축하라 그리하면 내가 그것으로 말미암아 기뻐하고 또 영광을 얻으리라 여호와가 말하였느니라."

이사야 42:10-12 "항해하는 자들과 바다 가운데의 만물과 섬들과 거기에 사는 사람들아 여호와께 새 노래로 노래하며 땅 끝에서부터 찬송하라 광야와 거기에 있는 성읍들과 게달 사람이 사는 마을들은 소리를 높이라 셀라의 주민들은 노래하며 산꼭대기에서 즐거이 부르라 여호와께 영광을 돌리며 섬들 중에서 그의 찬송을 전할지어다."

시편 50:23 "감사로 제사를 드리는 자가 나를 영화롭게 하나니 그의 행위를 옳게 하는 자에게 내가 하나님의 구원을 보이리라."

시편 99:9 "너희는 여호와 우리 하나님을 높이고 그 성산에서 예배할지어다 여호와 우리 하나님은 거룩하심이로다."

요한계시록 15:4 "주여 누가 주의 이름을 두려워하지 아니하며 영화롭게 하지 아니하오리이까 오직 주만 거룩하시니이다 주의 의로우신 일이 나타났으매 만국이 와서 주께 경배하리이다 하더라."

 하나님께서 진정 원하시는 것은 형식적 제사가 아닙니다. 이스라엘 백성들이 수많은 희생제사를 드렸지만 하나님은 기뻐하지 않으셨습니다. 하나님을 가장 기쁘시게 하는 방법은 거룩한 삶의 제사를 드리는 것임을 말씀하고 있습니다. 예배는 하나님 안에서 만족을 누리는 것입니다. 하나님께 순종한다는 것은 우리가 들은 것을 하는 것입니다.

 42. 교회의 탁월한 행복의 목적은 무엇인가요?

하나님의 영광을 위하여!

이사야 60:19-21 "다시는 낮에 해가 네 빛이 되지 아니하며 달도 네게 빛을 비추지 않을 것이요 오직 여호와가 네게 영원한 빛이 되며 네 하나님이 네 영광이 되리니 다시는 네 해가 지지 아니하며 네 달이 물러가지 아니할 것은 여호와가 네 영원한 빛이 되고 네 슬픔의 날이 끝날 것임이라 네 백성이 다 의롭게 되어 영원히 땅을 차지하리니 그들은 내가 심은 가지요 내가 손으로 만든 것으로서 나의 영광을 나타낼 것인즉"

하나님의 영광은 하나님의 백성들의 행복을 위한 하나님의 계획입니다. 그분은 우리에게 영원한 빛이 되시며 슬픔을 끝내 주실 분입니다. 우리에게 영원한 나라를 주실 것입니다. 그리고 그 나라의 백성으로서 우리는 하나님의 영광을 나타낼 것입니다.

교회 부흥을 위한 목사들의 의무는 무엇인가요?

1. 회심해야 합니다.
2. 성령을 갑절이나 받아야 합니다. 이는 죄에 대한 회개, 구원에 대한 분명한 확신, 그리고 성령 충만을 의미합니다.
3. 신앙 부흥에 목회자들이 한마음으로 하여야 합니다.
4. 목회자 서로의 사역을 약화시키는 일은 피해야 합니다.
5. 부흥을 위한 열심, 용기와 결심이 있어야 합니다.
6. 경건과 미덕이 있어야 합니다.
7. 하나님께 구원받았다는 만족할 만한 위로가 있어야 합니다.

📖 조나단 에드워즈, 《부흥론》, 양낙흥 역 (서울: 부흥과개혁사, 2013), 667-672.

교회 부흥을 위해 성도들이 해야 할 일들은 무엇인가요?

1. 금식 기도입니다.
2. 성만찬 참석에 열심이어야 합니다.
3. 기도, 설교 듣기, 찬송, 교회 모임에 열심이어야 합니다.
4. 이웃에 대한 의, 진실, 온유함, 용서와 사랑 같은 도덕적 의무를 열심

히 해야 합니다.
5. 하나님과 맺은 언약을 엄숙하고도 공적으로 갱신해야 합니다.
6. 부흥의 진행에 대한 역사를 지속적으로 기록하여 출판해야 합니다.

📖 조나단 에드워즈, 《부흥론》, 양낙흥 역 (서울: 부흥과개혁사, 2013), 678-697.

 43. 교회는 무엇을 전파해야 하나요?

 하나님의 영광을 위하여!

이사야 60:6 "허다한 낙타, 미디안과 에바의 어린 낙타가 네 가운데에 가득할 것이며 스바 사람들은 다 금과 유향을 가지고 와서 여호와의 찬송을 전파할 것이며."

이사야 66:19 "내가 그들 가운데에서 징조를 세워서 그들 가운데에서 도피한 자를 여러 나라 곧 다시스와 뿔과 활을 당기는 룻과 및 두발과 야완과 또 나의 명성을 듣지도 못하고 나의 영광을 보지도 못한 먼 섬들로 보내리니 그들이 나의 영광을 뭇 나라에 전파하리라."

역대상 16:8 "너희는 여호와께 감사하며 그의 이름을 불러 아뢰며 그가 행하신 일을 만민 중에 알릴지어다."

교회 부흥의 분별 기준은 무엇인가요?

성경입니다.
📖 조나단 에드워즈, 《부흥론》, 양낙흥 역 (서울: 부흥과개혁사, 2013), 389.

교회 부흥의 잘못된 기준은 무엇인가요?

자신의 철학과 자신의 감정, 표지나 표징, 역사나 이전의 관점, 그리고 자신들의 체험을 기준으로 삼는 것은 잘못된 기준입니다.
📖 조나단 에드워즈, 《부흥론》, 양낙흥 역 (서울: 부흥과개혁사, 2013), 389–411.

 44. 설교는 무엇으로 이끌어 가는 것인가요?

 하나님의 영광을 위하여!

> **로마서 3:23** "모든 사람이 죄를 범하였으매 하나님의 영광에 이르지 못하더니."
>
> **다니엘 5:23** "도리어 자신을 하늘의 주재보다 높이며 그의 성전 그릇을 왕 앞으로 가져다가 왕과 귀족들과 왕후들과 후궁들이 다 그것으로 술을 마시고 왕이 또 보지도 듣지도 알지도 못하는 금, 은, 구리, 쇠와 나무, 돌로 만든 신상들을

찬양하고 도리어 왕의 호흡을 주장하시고 왕의 모든 길을 작정하시는 하나님께는 영광을 돌리지 아니한지라."

로마서 1:21 "하나님을 알되 하나님을 영화롭게도 아니하며 감사하지도 아니하고 오히려 그 생각이 허망하여지며 미련한 마음이 어두워졌나니."

지옥이 정말 있나요?

정말 있습니다. 지옥에 대한 것을 묘사하는 장면을 성경에서 살펴보면 마가복음 9장 48절에 이런 구절이 나옵니다.
"거기에서는 구더기도 죽지 않고 불도 꺼지지 아니하느니라."
이 말씀은 이사야 66장 24절에서 가져온 것입니다.
"그들이 나가서 내게 패역한 자들의 시체들을 볼 것이라 그 벌레가 죽지 아니하며 그 불이 꺼지지 아니하여 모든 혈육에게 가증함이 되리라."

제6장

인간

45. 인간을 창조하신 목적은 무엇입니까?

하나님의 영광을 위하여!

이사야 43:6-7 "내가 북쪽에게 이르기를 내놓으라 남쪽에게 이르기를 가두어 두지 말라 내 아들들을 먼 곳에서 이끌며 내 딸들을 땅 끝에서 오게 하며 내 이름으로 불려지는 모든 자 곧 내가 내 영광을 위하여 창조한 자를 오게 하라 그를 내가 지었고 그를 내가 만들었느니라."

이사야 61:3 "그들이 의의 나무 곧 여호와께서 심으신 그 영광을 나타낼 자라 일컬음을 받게 하려 하심이라."

하나님의 영광을 위하여 창조된 자들을 모으시고, 그들은 하나님의 영광을 나타낼 자로 일컬음 받을 것임을 말씀하십니다. 성경은 인간을 만드신 목적이 하나님의 영광을 드러내는 것임을 말씀하십니다.

죄는 어떻게 성도를 속이나요?

1. 1단계는 지성을 공격합니다(히 3:13; 렘 2:19, 17:9, 4:12, 22; 욥 11:12; 엡 4:22).

생각의 의무는 영혼이 하나님이 요구하시는 대로 수행해야 할 모든 활동을 면밀히 지키는 것입니다. 이를 위해서는 기도와 묵상이 중요합니다. 하나님과 말씀을 묵상해야 합니다. 이를 통해 더러운 것을 싫어하고 혐오하며 포기하도록 하는 것이 기도의 목표입니다.

히브리서 3:13 "오직 오늘이라 일컫는 동안에 매일 피차 권면하여 너희 중에 누구든지 죄의 유혹으로 완고하게 되지 않도록 하라."

예레미야 2:19 "네 악이 너를 징계하겠고 네 반역이 너를 책망할 것이라 그런즉 네 하나님 여호와를 버림과 네 속에 나를 경외함이 없는 것이 악이요 고통인 줄 알라 주 만군의 여호와의 말씀이니라."

욥기 11:12 "허망한 사람은 지각이 없나니."

(1) 죄는 개별적인 의무를 지킬 필요가 없고, 일반적인 것만 지키면 된다고 설득함으로써 지성을 끌어내립니다.

(2) 죄는 의무를 수행한 것으로 만족하도록 은밀히 유혹함으로 지성을 의무로부터 끌어내립니다.

(3) 모든 의무를 습관적으로 준수하는 수준으로 끌어내립니다.

2. 2단계는 정서를 미혹합니다.

(1) 죄가 속임을 통해 미혹하기 좋은 대상에 대해 자주 상상에 사로잡힐 때 미혹됩니다(벧후 2:14; 요일 2:16; 수 7:21).

베드로후서 2:14 "음심이 가득한 눈을 가지고 범죄하기를 그치지 아니하고 굳세지 못한 영혼들을 유혹하며 탐욕에 연단된 마음을 가진 자들이니 저주의 자식이라."

여호수아 7:21 "내가 노략한 물건 중에 시날 산의 아름다운 외투 한 벌과 은 이백 세겔과 그 무게가 오십 세겔 되는 금덩이 하나를 보고 탐내어 가졌나이다 보소서 이제 그 물건들을 내 장막 가운데 땅속에 감추었는데 은은 그 밑에 있나이다 하더라."

(2) 헛된 생각들에 사로잡혀 상상을 은밀히 즐기고 만족스러워할 때 정서는 미혹됩니다(렘 4:14).

예레미야 4:14 "예루살렘아 네 마음의 악을 씻어 버리라 그리하면 구원을 얻으리라 네 악한 생각이 네 속에 얼마나 오래 머물겠느냐."

(3) 죄를 범하려는 성향이나 자세 또는 죄를 범할 때 죄에 대해 갖고 있는 안도감 등이 정서를 미혹합니다(잠 23:31-32).

잠언 23:31-32 "포도주는 붉고 잔에서 번쩍이며 순하게 내려가나니 너는 그것을 보지도 말지어다 그것이 마침내 뱀같이 물 것이요 독사같이 쏠 것이며."

3. 3단계는 의지에 죄를 잉태하게 합니다(약 1:15; 고후 11:2-3; 엡 4:19).

야고보서 1:15 "욕심이 잉태한즉 죄를 낳고 죄가 장성한즉 사망을 낳느니라."

고린도후서 11:2-3 "내가 하나님의 열심으로 너희를 위하여 열심을 내노니 내가 너희를 정결한 처녀로 한 남편인 그리스도께 드리려고 중매함이로다 그러나 나는 뱀이 그 간계로 하와를 미혹한 것같이 너희 마음이 그리스도를 향하는 진실함과 깨끗함에서 떠나 부패할까 두려워하노라."

에베소서 4:19 "그들이 감각 없는 자가 되어 자신을 방탕에 방임하여 모든 더러운 것을 욕심으로 행하되."

4. 4단계는 실제로 죄를 낳게 합니다(약 1:15; 사 57:20; 히 2:18).

하나님은 섭리를 통해서 죄를 짓지 못하게 하시거나, 은혜를 통해 죄를 범할 의지를 차단하거나 변화시키십니다.

야고보서 1:15 "욕심이 잉태한즉 죄를 낳고."

이사야 57:20 "악인은 평온함을 얻지 못하고 그 물이 진흙과 더러운 것을 늘 솟구쳐 내는 요동하는 바다와 같으니라."

히브리서 2:18 "그가 시험을 받아 고난을 당하셨은즉 시험 받는 자들을 능히 도우실 수 있느니라."

📖 존 오웬, 《신자 안에 내재하는 죄》, 김귀탁 역 (서울: 부흥과개혁사, 2013), 133-251.

 **46. 인간을 남자와 여자로 창조하신 목적은 무엇입니까?**

 하나님의 영광을 위하여!

이사야 60:21 "네 백성이 다 의롭게 되어 영원히 땅을 차지하리니 그들은 내가 심은 가지요 내가 손으로 만든 것으로서 나의 영광을 나타낼 것인즉."

하나님께서는 하나님의 영광을 위하여 하나님의 아들과 딸들로 창조하셨습니다. 그러므로 사람은 하나님의 손이 빚어낸 작품들입니다.

참된 그리스도인이 고백하는 신앙적 형태는 어떤 단계를 거치나요?

1. 율법을 온전히 지키지 못하는 것을 깨닫게 됩니다.
2. 자신의 노력으로는 의를 이루지 못하는 것을 깨닫게 됩니다.
3. 자기 의는 자신을 구원할 수 없다는 것을 깨닫습니다.
4. 그리스도만이 유일한 소망이라는 것을 깨닫습니다.
5. 죄인들의 구원에 관한 하나님의 절대 주권을 깨닫습니다.
6. 구원의 은혜를 받습니다.

📖 조나단 에드워즈, 《부흥론》, 양낙흥 역 (서울: 부흥과개혁사, 2013), 143-152.

 47. 인간의 제일 되는 가장 높은 목적은 무엇인가요?

 하나님의 영광을 위하여!

하나님을 최고로 기뻐할 때, 하나님은 최고로 영광을 받으십니다.

역대상 16:28-29 "여러 나라의 종족들아 영광과 권능을 여호와께 돌릴지어다 여호와께 돌릴지어다 여호와의 이름에 합당한 영광을 그에게 돌릴지어다 제물을 들고 그 앞에 들어갈지어다 아름답고 거룩한 것으로 여호와께 경배할지어다."

시편 22:23 "여호와를 두려워하는 너희여 그를 찬송할지어다 야곱의 모든 자손이여 그에게 영광을 돌릴지어다 너희 이스라엘 모든 자손이여 그를 경외할지어다."

시편 115:1 "여호와여 영광을 우리에게 돌리지 마옵소서 우리에게 돌리지 마옵소서 오직 주는 인자하시고 진실하시므로 주의 이름에만 영광을 돌리소서."

이사야 42:12 "여호와께 영광을 돌리며 섬들 중에서 그의 찬송을 전할지어다."

로마서 15:9 "이방인들도 그 긍휼하심으로 말미암아 하나님께 영광을 돌리게 하려 하심이라 기록된 바 그러므로 내가 열방 중에서 주께 감사하고 주의 이름을 찬송하리로다 함과 같으니라."

피조물의 행복은 하나님을 기뻐하는 것입니다. 피조물이 하나님을 기뻐하는 것을 통하여 하나님께서는 찬양을 받으시고, 높임을 받으십니다. 우리가 하나님을 최고로 즐거워할 때, 하나님께서는 우리 안에서 최고로 영광을 받으십니다. 하나님만이 인자하시고 진실하시고 긍휼하시기 때문입니다.

웨스트민스터 대요리문답

질문 1. 인간의 제일 되며 가장 높은 목적은 무엇인가?

답: 인간의 제일 되며 가장 높은 목적은 하나님을 영화롭게 하며, 영원토록 그를 온전히 즐거워하는 것이다. 하나님께서는 인간이 하나님 안에서 즐거워하는 것을 통하여 인간을 비극 가운데서 보호해 주신다.

구원을 받으면 성도들에게 어떤 모습이 나타나나요?

1. 자신의 영혼에 대한 염려를 합니다.
2. 오직 신앙에 대한 관심만을 가지려고 합니다.
3. 자신들의 극심한 비참, 속수무책, 스스로는 불충분함을 깨닫습니다.
4. 하나님 보시기에 자신들은 지극히 사악하고 죄가 있다는 것을 절감합니다.
5. 누구보다 자신이 더 악하다고 생각합니다.

6. 하나님의 자비를 받을 자격이 없다고 생각합니다.
7. 자신들의 모든 기도와 수고가 지극히 무가치하며 오염되었음을 자각합니다.
8. 어떤 일을 행해도 하나님은 자신들에게 영원한 진노를 부으시는 것이 합당하다고 알게 됩니다.
9. 예수 그리스도의 탁월성과 그분의 충족성, 그리고 죄인들을 구원하고자 하는 그분의 의지를 생생하게 알게 됩니다.
10. 예수 그리스도를 갈망합니다.
11. 세상에 대한 사랑을 극복하게 됩니다.
12. 하나님과 그리스도에 대한 사랑, 또 그분 앞에 먼지 속에 엎드리고 싶은 성향으로 자기의 마음을 채웁니다.
13. 천국을 갈망합니다. 거기에서는 자기의 죄를 온전히 제거할 수 있기 때문입니다.
14. 서로에 대한 깊은 사랑과 애정이 생깁니다.
15. 모든 인류를 사랑합니다.
16. 다른 이들의 구원 문제에 관심을 갖습니다.
17. 성경을 많이 존중합니다.
18. 설교를 아주 소중하게 받아들입니다.
19. 찬송을 즐거워합니다.
20. 자기 목사들을 이전보다 더 많이 존경합니다.

📖 조나단 에드워즈, 《부흥론》, 양낙흥 역 (서울: 부흥과개혁사, 2013), 143–152.

48. 고침 받은 이들은 고침을 받은 후 어떻게 행하였나요?

하나님의 영광을 위하여!
하나님께 영광을 돌렸습니다.

꼬부라져 조금도 펴지 못하는 여인이 고침을 받은 후
누가복음 13:13 "안수하시니 여자가 곧 펴고 하나님께 영광을 돌리는지라."

문둥병을 고침 받은 자가 나음을 알고 난 후
누가복음 17:15 "그중의 한 사람이 자기가 나은 것을 보고 큰 소리로 하나님께 영광을 돌리며 돌아와."

장님이 눈을 뜬 후
누가복음 18:43 "곧 보게 되어 하나님께 영광을 돌리며 예수를 따르니 백성이 다 이를 보고 하나님을 찬양하니라."

죄의 권능을 발견하지 못하는 자들을 무엇이라고 하나요?

죄의 지배 아래에 살고 있는 자들입니다. 그런 자들은 죄가 이끄는 대로 흘러다니는 자로서 죄를 강하게 의식하지 못합니다. 죄를 짓는 것은 죄와 거래를 하는 것입니다.

> **설명** 신자들 속에는 내재하는 죄의 힘과 효능에도 불구하고 은혜로 말미암아 선을 행하기를 원하는 지속적이고 통상적인 주도적 의지가 존재합니다. 선을 행하려고 할수록 내재하는 죄는 더욱더 반역을 부추기고 악으로 이끄는 작용을 합니다.
> 📖 존 오웬, 《신자 안에 내재하는 죄》, 김귀탁 역 (서울: 부흥과개혁사, 2013), 38-39.

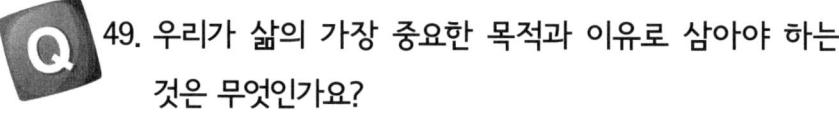 49. 우리가 삶의 가장 중요한 목적과 이유로 삼아야 하는 것은 무엇인가요?

 하나님의 영광을 위하여!

시편 69:30 "내가 노래로 하나님의 이름을 찬송하며 감사함으로 하나님을 위대하시다 하리니."
시편 118:28 "주는 나의 하나님이시라 내가 주께 감사하리이다 주는 나의 하나님이시라 내가 주를 높이리이다."
시편 86:12 "주 나의 하나님이여 내가 전심으로 주를 찬송하고 영원토록 주의 이름에 영광을 돌리오리니."
고린도전서 10:31 "그런즉 너희가 먹든지 마시든지 무엇을 하든지 다 하나님의 영광을 위하여 하라."

신자들 속에 있는 죄의 본질은 무엇인가요?

죄의 법이 신자들 속에 있습니다. 이것은 신자들에 대한(to) 법은 아니지만, 신자들 안(in)에 있는 법입니다. 신자들 안에서 죄의 규칙은 깨어지고 그 힘은 약화되고 손상되었지만, 죄의 뿌리는 죽임을 당했으나 여전히 큰 힘과 효력을 가지고 있는 법입니다. 그 죄는 신자들 속에서 정당한 지배권을 상실했지만, 여전히 큰 힘을 가지고 있습니다. 죄는 약해져도 그 본성은 약해지지 않았습니다. 죄는 여전히 법이고 그러기에 강한 효력을 가지고 있습니다. 신자는 죄를 이기기 위해서 성령을 의지하는 삶을 살아야 합니다.

📖 존 오웬, 《신자 안에 내재하는 죄》, 김귀탁 역 (서울: 부흥과개혁사, 2013), 33, 45.

 50. 믿는 자들은 삶의 목적을 무엇에 두어야 하나요?

 하나님의 영광을 위하여!

역대상 16:28 "여러 나라의 종족들아 영광과 권능을 여호와께 돌릴지어다 여호와께 돌릴지어다."

시편 22:23 "여호와를 두려워하는 너희여 그를 찬송할지어다 야곱의 모든 자손이여 그에게 영광을 돌릴지어다 너희 이스라엘 모든 자손이여 그를 경외할지어다."

이사야 42:12 "여호와께 영광을 돌리며 섬들 중에서 그의 찬송을 전할지어다."

역대상 16:29 "여호와의 이름에 합당한 영광을 그에게 돌릴지어다 제물을 들고 그 앞에 들어갈지어다 아름답고 거룩한 것으로 여호와께 경배할지어다."

시편 99:9 "너희는 여호와 우리 하나님을 높이고 그 성산에서 예배할지어다 여호와 우리 하나님은 거룩하심이로다."

요한계시록 15:4 "주여 누가 주의 이름을 두려워하지 아니하며 영화롭게 하지 아니하오리이까 오직 주만 거룩하시니이다 주의 의로우신 일이 나타났으매 만국이 와서 주께 경배하리이다 하더라."

시편 115:1 "여호와여 영광을 우리에게 돌리지 마옵소서 우리에게 돌리지 마옵소서 오직 주는 인자하시고 진실하시므로 주의 이름에만 영광을 돌리소서."

로마서 15:9 "이방인들도 그 긍휼하심으로 말미암아 하나님께 영광을 돌리게 하려 하심이라 기록된 바 그러므로 내가 열방 중에서 주께 감사하고 주의 이름을 찬송하리로다 함과 같으니라."

죄의 법의 특징은 무엇인가요?

1. 죄는 항상 영혼 속에 존재합니다. 죄가 마음속에서 사라진 적이 없습니다(롬 7:17).
   로마서 7:17 "이제는 그것을 행하는 자가 내가 아니요 내 속에 거하는 죄니라."
2. 죄는 언제든 목적을 달성할 준비를 하고 있습니다(롬 7:18). 선을 행하기를 원하나 나에게 악이 함께 있는 것입니다. 죄를 극복하려고 하는 그 순간에도 죄의 법은 악으로 이끄는 성향과 활동과 제안들을 통해 우리에게 다가옵니다.
   로마서 7:18 "내 속 곧 내 육신에 선한 것이 거하지 아니하는 줄을 아노니 원함은 내게 있으나 선을 행하는 것은 없노라."
3. 죄는 아주 능숙하고 용이하게 활동합니다.
   "얽매이기 쉬운 죄"(히 12:1)로서, 죄는 아주 능숙하고 익숙하게 활동합니다. 죄의 법을 발견했다면, 그에 비례해서 은혜를 사모하는 마음이 있지 않으면 아무 소용이 없습니다.

📖 존 오웬, 《신자 안에 내재하는 죄》, 김귀탁 역 (서울: 부흥과개혁사, 2013), 50-56.

 **51. 우리는 하나님의 성실하심과 진실하심을 어떻게 찬양해야 하나요?**

 하나님의 영광을 위하여!
하나님의 성실하심과 진실하심에 영광을 돌려야 합니다.

이사야 25:1 "여호와여 주는 나의 하나님이시라 내가 주를 높이고 주의 이름을 찬송하오리니 주는 기사를 옛적에 정하신 뜻대로 성실함과 진실함으로 행하셨음이라."

 52. 성도들이 해야 할 의무는 무엇인가요?

 하나님의 영광을 위하여!

우리 몸으로 하나님께 영광을 돌려야 합니다.

고린도전서 6:20 "값으로 산 것이 되었으니 그런즉 너희 몸으로 하나님께 영광을 돌리라."

죄를 죽인다는 것은 어떤 의미인가요?

1. 죄를 죽인다는 것은 죄를 경향적으로 약화시키는 것입니다(갈 5:24; 롬 6:6).

   갈라디아서 5:24 "그리스도 예수의 사람들은 육체와 함께 그 정욕과 탐심을 십자가에 못 박았느니라."

   로마서 6:6 "우리가 알거니와 우리의 옛 사람이 예수와 함께 십자가에 못 박힌 것은 죄의 몸이 죽어 다시는 우리가 죄에게 종 노릇 하지 아니하려 함이니."

2. 죄를 죽인다는 것은 죄에 맞서 부단히 싸우고 투쟁하는 것입니다(왕상 8:38; 골 3:5).
열왕기상 8:38 "자기의 마음에 재앙을 깨닫고."
골로새서 3:5 "땅에 있는 지체를 죽이라."
(1) 원수가 있음을 알고, 그 원수와 싸워 반드시 물리치겠다는 각오를 해야 합니다.
(2) 원수가 승리하는 길, 궤계, 방법, 장점, 그리고 노리는 기회에 대해 잘 알고자 애쓰는 모습을 통해서 죄와의 싸움이 시작됩니다.
(3) 죄를 슬퍼하고 죽이며 파괴하는 것 등 모든 것을 통해 날마다 죄를 괴롭히는 것이 싸움의 진수입니다.
3. 죄를 죽인다는 것은 지속적으로 죄 죽임에 성공한다는 것입니다.
(1) 죄를 직접 반대하고 죄를 파괴하는 능력을 가진 은혜의 원리를 기억하고, 악으로 이끌고 악으로 유혹하며 악을 강요하면서 하나님을 쫓아내고 반대하며 대적하는 내재하는 죄의 기질을 약화시키는 것입니다.
(2) 욕심에 맞서서 싸울 때 수단과 방법을 가리지 말로 죄의 움직임과 활동들을 대적하라고 주어진 원군들을 부지런히 사용하여 성령의 소욕, 곧 새사람의 기민함, 신속함, 활력이 충분히 나타나도록 하는 것입니다.
📖 존 오웬, 《죄 죽임》, 김귀탁 역 (서울: 부흥과개혁사, 2013), 80–89.

 53. 우리는 하나님이 행하신 놀라운 일(기적과 표적)들로 인하여 하나님께 어떻게 행해야 할까요?

 하나님의 영광을 위하여!

하나님께서는 하나님의 영광을 위하여 놀라운 일(기적과 표적)들을 행하셨습니다.

마태복음 15:31 "말 못하는 사람이 말하고 장애인이 온전하게 되고 다리 저는 사람이 걸으며 맹인이 보는 것을 무리가 보고 놀랍게 여겨 이스라엘의 하나님께 영광을 돌리니라."

사도행전 4:21 "관리들이 백성들 때문에 그들을 어떻게 처벌할지 방법을 찾지 못하고 다시 위협하여 놓아주었으니 이는 모든 사람이 그 된 일을 보고 하나님께 영광을 돌림이라."

왜 신앙함에 있어서 감정이 중요한가요?

1. 참된 신앙은 대체로 감정 안에 있기 때문입니다.
2. 인간의 본질에는 감정이 있고 그 감정이 행동의 발원지가 되기 때문입니다.
3. 믿음이 속한 일들은 사람의 영혼을 사로잡는데, 그것이 감정적으로 영향을 줍니다.
4. 성경에서는 믿음이 두려움, 소망, 사랑, 미움, 갈망, 기쁨, 슬픔, 감사, 불쌍히 여김, 그리고 열정 등 감정과 깊이 연관된 것들이 많기 때문입니다.
5. 감정 가운데 가장 고귀한 것인 사랑 안에 참된 믿음이 온전히 들어 있다고 가르칩니다.
6. 믿음이 탁월한 성도들에게서 믿음과 경건은 거룩한 감정 안에 있었습니다.
7. 예수 그리스도는 사랑이 넘치는 분이셨습니다. 또한 강하고 생생하고 열렬하게 사랑하신 가장 위대한 모본이셨습니다.
8. 하늘에 속한 믿음과 경건은 대부분 감정 안에 있습니다.

9. 참된 믿음과 경건의 표현 수단(예: 찬송)들을 보면 감정의 중요성을 알 수 있습니다.
10. 참된 믿음 또는 거룩한 심령이 대부분 감정 안에 있습니다. 성경은 죄를 마음의 완악함으로 말씀하고 있습니다.
11. 그러므로 신앙에 있어서 감정은 매우 중요한 요소를 차지하고 있습니다. 그리스도인은 말씀으로 그 감정을 잘 다스릴 수 있습니다.

📖 조나단 에드워즈, 《신앙감정론》, 정성욱 역 (서울: 부흥과개혁사, 2014), 제1부, 153-179.

 54. 하나님의 심판은 하나님의 무엇을 드러내는 것인가요?

 하나님의 영광을 위하여!

하나님께서는 심판하심을 통하여 하나님의 영광을 드러내셨습니다.

이사야 25:3 "강한 민족이 주를 영화롭게 하며 포학한 나라들의 성읍이 주를 경외하리이다."

에스겔 28:22 "너는 이르기를 주 여호와께서 이같이 말씀하시되 시돈아 내가 너를 대적하나니 네 가운데에서 내 영광이 나타나리라 하셨다 하라 내가 그 가운데에서 심판을 행하여 내 거룩함을 나타낼 때에 무리가 나를 여호와인 줄을 알지라."

요한계시록 14:7 "그가 큰 음성으로 이르되 하나님을 두려워하며 그에게 영광을 돌리라 이는 그의 심판의 시간이 이르렀음이니 하늘과 땅과 바다와 물들의 근원을 만드신 이를 경배하라 하더라."

하나님께서는 이 땅에서 죄를 짓는 자들을 어떻게 하시나요?

1. 악인이 지옥에 떨어지는 것을 한순간이라도 막아 주는 것이 있다면 그것은 오직 하나님의 전적인 뜻일 뿐입니다.
2. 때가 되면 하나님은 악한 자들을 언제든지 지옥에 보내실 수 있습니다.
3. 지옥에 가장 늦게 들어갈 것이라고 생각하는 자들이 가장 먼저 들어가게 될 것입니다.
4. 하나님께서는 완고한 자들을 벌하실 것입니다.
5. 회개하고 믿음을 가진 척함으로써 하나님을 속일 수 없으며, 착오로 인해 천국에 들어갈 수도 없습니다.

📖 조나단 에드워즈, 《진노한 하나님의 손에 붙들린 죄인들》, 안보헌 역 (서울: 생명의말씀사, 2004), 7-17.

 55. 예수 그리스도를 통하여 하나님께 무엇을 돌려야 하나요?

 하나님의 영광을 위하여!

믿는 자들은 예수 그리스도를 통하여 하나님께 영광을 돌리는 삶을 살아야 합니다.

빌립보서 1:11 "예수 그리스도로 말미암아 의의 열매가 가득하여 하나님의 영광과 찬송이 되기를 원하노라."

베드로전서 4:11 "만일 누가 말하려면 하나님의 말씀을 하는 것같이 하고 누가 봉사하려면 하나님이 공급하시는 힘으로 하는 것같이 하라 이는 범사에 예수 그리스도로 말미암아 하나님이 영광을 받으시게 하려 함이니 그에게 영광과 권능이 세세에 무궁하도록 있느니라 아멘."

죄에 의해 지배당하고 있다는 증거는 무엇인가요?

1. 죄를 인식하면서도 죄를 품으려 하는 태도는 죄가 지배한다는 증거입니다.
2. 마음의 완악함은 죄가 지배한다는 증거입니다.
3. 죄가 그의 의지를 장악하고 있다면, 이는 죄의 지배를 나타냅니다.
4. 자신의 죄를 떳떳이 선언하며 결코 감추지 않을 때, 그것을 많은 사람들 앞에 자랑할 때입니다.
5. 술 취함과 부정함이나 욕설 등과 같이 명백히 알려진 자범죄를 저지른 것을 인정하면서도 회개하지 않을 때입니다.
6. 종교적 의무를 이행하면서도, 실제로 가정과 혼자 있을 때 이를 경멸하고 태만히 여기면 죄에 의해 지배당하고 있는 것입니다.
7. 참된 거룩과 경건의 능력에 대해 적개심을 가질 때 죄에 의해 지배당하고 있는 것입니다.

8. 회심의 수단을 경멸할 때 그런 것입니다.
9. 하나님이 명백히 주시는 섭리상의 경고들과 회개에의 촉구를 외면하며 저버리고 살아갈 때 그런 것입니다.
10. 세상 속에서 필요한 그리스도의 참된 유익과 관심에 대해 적의를 품을 때 그런 것입니다.
11. 배교자의 모습을 보일 뿐만이 아니라, 신앙을 온전히 지키는 자들을 박해할 때 그런 것입니다.
12. 성화의 원리를 모를 때 그런 것입니다.

📖 존 오웬, 《죄와 은혜의 지배》, 이한상 역 (서울: 부흥과개혁사, 2012), 105-106, 124-125.

56. 주님이 이 땅에서 하시는 일들을 통하여 이루고자 하셨던 것은 무엇인가요?

하나님의 영광을 위하여!

요한복음 17:4 "아버지께서 내게 하라고 주신 일을 내가 이루어 아버지를 이 세상에서 영화롭게 하였사오니."

신자가 죄를 죽이는 일을 일상으로 삼아야 하는 이유는 무엇인가요?

1. 내재하는 죄는 항상 존재하므로 우리는 항상 죄를 죽여야 합니다(갈 5:17; 요일 1:8).

   갈라디아서 5:17 "육체의 소욕은 성령을 거스르고."

   요한일서 1:8 "만일 우리가 죄가 없다고 말하면 스스로 속이고 또 진리가 우리 속에 있지 아니할 것이요."

2. 내재하는 죄는 거하는 것에 그치지 않고 지속적으로 활동함으로 우리는 항상 죄를 죽여야 합니다(롬 7:19, 23).

   로마서 7:19, 23 "내가 원하는 바 선은 행하지 아니하고"

3. 내재하는 죄는 죽임을 당하지 않는 한 영혼을 파괴하는 죄들을 일으키므로 우리는 항상 죄를 죽여야 합니다(갈 5:19–21; 히 3:13).

   갈라디아서 5:19–21 "육체의 일은 분명하니 곧 음행과 더러운 것과 호색과 우상 숭배와 주술과 원수 맺는 것과 분쟁과 시기와 분냄과 당 짓는 것과 분열함과 이단과 투기와 술 취함과 방탕함과 또 그와 같은 것들이라 전에 너희에게 경계한 것같이 경계하노니 이런 일을 하는 자들은 하나님의 나라를 유업으로 받지 못할 것이요."

   히브리서 3:13 "오직 오늘이라 일컫는 동안에 매일 피차 권면하여 너희 중에 누구든지 죄의 유혹으로 완고하게 되지 않도록 하라."

4. 내재하는 죄는 성령과 새 본성의 반대를 받도록 되어 있으므로 우리는 항상 죄를 죽여야 합니다(벧후 1:4; 롬 7:23).

   베드로후서 1:4 "이로써 그 보배롭고 지극히 큰 약속을 우리에게 주사 이 약속으로 말미암아 너희가 정욕 때문에 세상에서 썩어질 것을 피하여 신성한 성품에 참여하는 자가 되게 하려 하셨느니라."

   로마서 7:23 "내 지체 속에서 한 다른 법이 내 마음의 법과 싸워."

5. 내재하는 죄를 죽이는 일을 무시할 때 두려운 결과가 주어지므로 우리는 항상 죄를 죽여야 합니다(고후 4:16; 요이 1:8).

> 고린도후서 4:16 "우리의 겉사람은 낡아지나 우리의 속사람은 날로 새로워지도다."
>
> 요한이서 1:8 "너희는 스스로 삼가 우리가 일한 것을 잃지 말고 오직 온전한 상을 받으라."
>
> 6. 날마다 하나님을 두려워하고 은혜 안에서 자라감으로써 거룩함을 온전히 이루는 것은 우리의 의무이기 때문에 우리는 항상 죄를 죽여야 합니다(고후 7:1, 4:16; 벧전 2:2).
>
> 고린도후서 7:1 "하나님을 두려워하는 가운데서 거룩함을 온전히 이루어."
>
> 베드로전서 2:2 "너희로 구원에 이르도록 자라게 하려 함이라."
>
> 📖 존 오웬, 《죄 죽임》, 김귀탁 역 (서울: 부흥과개혁사, 2013), 44-56.

 57. 예수님은 하나님의 약속을 의심하지 않고 믿었습니다. 무엇을 위하여 그러셨나요?

 하나님의 영광을 위하여!

로마서 4:20 "믿음이 없어 하나님의 약속을 의심하지 않고 믿음으로 견고하여져서 하나님께 영광을 돌리며."

 58. 우리는 하나님의 무엇을 위하여 죽을 수 있나요?

 하나님의 영광을 위하여!

요한복음 21:19 "이 말씀을 하심은 베드로가 어떠한 죽음으로 하나님께 영광을 돌릴 것을 가리키심이러라 이 말씀을 하시고 베드로에게 이르시되 나를 따르라 하시니."

진정 은혜로운 거룩한 감정이라는 증거들에는 무엇이 있나요?

1. 성령의 내주하심.
2. 하나님의 하나님 되심에 대한 인식.
3. 하나님의 아름다움에 대한 인식.
4. 하나님을 아는 지식.
5. 진리에 대한 깊은 확신.
6. 참된 겸손.
7. 성품의 변화.
8. 그리스도의 성품을 닮아감.
9. 하나님을 두려워함.
10. 신앙의 균형.
11. 하나님을 향한 갈망.
12. 행위로 나타나는 신앙.

📖 조나단 에드워즈, 《신앙감정론》, 정성욱 역 (서울: 부흥과개혁사, 2014), 제3부, 292-540.

 59. 우리가 당하는 고난은 곧 무엇을 위한 고난인가요?

 하나님의 영광을 위하여

베드로전서 4:14 "너희가 그리스도의 이름으로 치욕을 당하면 복 있는 자로다 영광의 영 곧 하나님의 영이 너희 위에 계심이라."

베드로전서 4:16 "만일 그리스도인으로 고난을 받으면 부끄러워하지 말고 도리어 그 이름으로 하나님께 영광을 돌리라."

사도행전 5:41 "사도들은 그 이름을 위하여 능욕 받는 일에 합당한 자로 여기심을 기뻐하면서."

시련이 주는 신앙의 유익에는 무엇이 있나요?

1. 신앙이 참된 것인지 아닌지를 알 수 있게 해줍니다.
2. 신앙의 참된 아름다움과 고상함을 분명하게 드러내 줍니다.
3. 신앙을 순화시키며 강하게 해줍니다.

📖 조나단 에드워즈, 《신앙감정론》, 정성욱 역 (서울: 부흥과개혁사, 2014), 제1부, 143-144.

 60. 우리가 주님의 이름을 높이는 것은 곧 누구에게 영광을 돌리는 것인가요?

 하나님의 영광을 위하여!

사도행전 19:17 "에베소에 사는 유대인과 헬라인들이 다 이 일을 알고 두려워하며 주 예수의 이름을 높이고."
데살로니가후서 1:12 "우리 하나님과 주 예수 그리스도의 은혜대로 우리 주 예수의 이름이 너희 가운데서 영광을 받으시고 너희도 그 안에서 영광을 받게 하려 함이라."

 61. 우리의 삶에 있는 의의 열매는 결국 무엇을 위한 행위인가요?

 하나님의 영광을 위하여!
삶의 열매는 하나님의 영광을 위한 행위입니다.

요한복음 15:8 "너희가 열매를 많이 맺으면 내 아버지께서 영광을 받으실 것이요 너희는 내 제자가 되리라."
빌립보서 1:11 "예수 그리스도로 말미암아 의의 열매가 가득하여 하나님의 영광과 찬송이 되기를 원하노라."

목회자는 어떤 자세를 가지고 목회를 해야 하나요?

1. 목회자는 성도의 영혼을 지키는 보초입니다. 목회자는 그리스도를 영화롭게 하는 목적을 이룰 수 있도록, 사람들의 영혼을 목회자들에게 지키고 돌보도록 맡기셨습니다. 그 영혼들을 영원히 잃어버리지 않고 영생을 얻도록 하기 위해서입니다.
2. 목회자는 사람들의 영혼에 대한 큰 사랑으로 이 일을 활기 있게 해나가야 하며, 사람들을 위해 자신의 모든 것과 자기 자신까지 남김없이 소진해야 합니다.
3. 사랑받는 자가 잘되는 것은 사랑하는 자의 사랑의 음식입니다.
4. 하나님은 사람이 천국에서야 비로소 완전한 행복을 느끼도록 그렇게 사람의 마음을 지으셨습니다.

📖 조나단 에드워즈, 《목사, 성도들의 영혼 지킴이》, 이용중 역 (서울: 부흥과개혁사, 2010), 30-33.

 62. 모든 나라들이 무엇을 영화롭게 하는 일을 하게 될까요?

 하나님의 영광을 위하여!

모든 피조 세계는 하나님께 영광을 돌려야 합니다.

이사야 24:15 "그러므로 너희가 동방에서 여호와를 영화롭게 하며 바다 모든 섬에서 이스라엘의 하나님 여호와의 이름을 영화롭게 할 것이라."

시편 86:9 "주여 주께서 지으신 모든 민족이 와서 주의 앞에 경배하며 주의 이름에 영광을 돌리리이다."

요한계시록 5:13 "내가 또 들으니 하늘 위에와 땅 위에와 땅 아래와 바다 위에와 또 그 가운데 모든 피조물이 이르되 보좌에 앉으신 이와 어린 양에게 찬송과 존귀와 영광과 권능을 세세토록 돌릴지어다 하니."

성도들에게 한 권면은 무엇인가요?

1. 자신의 영혼 구원에 큰 관심을 가져야 합니다.
2. 하나님의 심판대 앞에서 목회자를 다시 만나 목회자의 수고에 어떻게 반응했는지 평가받게 될 것입니다.
3. 목회자가 영혼 구원 사역을 잘 감당하도록 최선을 다해서 도와야 합니다. 목사님에 대한 성도의 의무를 소홀히 하지 말아야 합니다. 목사님의 마음을 격려하고 목사님의 손을 힘 있게 하는 일에 최선을 다해야 합니다.
4. 목회자의 경제적인 생활을 책임져야 합니다. 빠듯한 살림 때문에 어려움과 궁핍으로 낙심하거나 목양하는 일에서 관심이 멀어져 물질적인 필요를 위해 세상일에 뛰어들지 않게 하여야 합니다. 목회자를 부족함 없이 잘 부양하는 일은 더 가난해지는 길이 아닙니다.

📖 조나단 에드워즈, 《목사, 성도들의 영혼 지킴이》, 이용중 역 (서울: 부흥과개혁사, 2010), 42-48.

 63. 우리의 성실함은 결국 무엇을 위한 것인가요?

 하나님의 영광을 위하여!

베드로전서 4:11 "만일 누가 말하려면 하나님의 말씀을 하는 것같이 하고 누가 봉사하려면 하나님이 공급하시는 힘으로 하는 것같이 하라 이는 범사에 예수 그리스도로 말미암아 하나님이 영광을 받으시게 하려 함이니 그에게 영광과 권능이 세세에 무궁하도록 있느니라 아멘."

거룩한 새 마음을 갖게 되면 어떤 일이 생기나요?

1. 영적이고 영원한 일에만 관심을 나타냅니다.
2. 그의 유일한 관심은 하늘나라를 얻는 것입니다.
3. 생명을 구하는 일에 관심을 가집니다.
4. 자기 영혼을 위한 기회를 열심히 포착하려 노력합니다.
5. 성찬에 참여하는 일에 기쁨을 나타냅니다.

📖 조나단 에드워즈, 《부흥론》, 양낙흥 역 (서울: 부흥과개혁사, 2013), 143-152.

64. 믿는 자들은 무엇을 찬양하여야 하나요?

하나님의 영광을 위하여!

우리 모두는 하나님께 영광을 돌려야 합니다.
시편 69:30 "내가 노래로 하나님의 이름을 찬송하며 감사함으로 하나님을 위대하시다 하리니."
시편 118:28 "주는 나의 하나님이시라 내가 주께 감사하리이다 주는 나의 하나님이시라 내가 주를 높이리이다."

믿는 자는 하나님을 높이고 그분에게 영광을 돌려야 합니다.
시편 34:3 "나와 함께 여호와를 광대하시다 하며 함께 그의 이름을 높이세."
로마서 15:6 "한마음과 한 입으로 하나님 곧 우리 주 예수 그리스도의 아버지께 영광을 돌리게 하려 하노라."
시편 86:12 "주 나의 하나님이여 내가 전심으로 주를 찬송하고 영원토록 주의 이름에 영광을 돌리오리니."

우리는 지속적으로 하나님께 영광을 돌리는 삶을 살아야 합니다.
고린도전서 10:31 "그런즉 너희가 먹든지 마시든지 무엇을 하든지 다 하나님의 영광을 위하여 하라."

왜 죄를 죽이는 일이 중요한가요?

우리의 영적 생명의 활력과 권능과 위로는 육신의 행실을 죽이는 일에 달려 있기 때문입니다.

📖 존 오웬, 《죄 죽임》, 김귀탁 역 (서울: 부흥과개혁사, 2013), 33.

 65. 하나님의 모든 축복은 무엇을 위하여 행하신 것인가요?

 하나님의 영광을 위하여!

이사야 60:21 "네 백성이 다 의롭게 되어 영원히 땅을 차지하리니 그들은 내가 심은 가지요 내가 손으로 만든 것으로서 나의 영광을 나타낼 것인즉."

이사야 61:3 "무릇 시온에서 슬퍼하는 자에게 화관을 주어 그 재를 대신하며 기쁨의 기름으로 그 슬픔을 대신하며 찬송의 옷으로 그 근심을 대신하시고 그들이 의의 나무 곧 여호와께서 심으신 그 영광을 나타낼 자라 일컬음을 받게 하려 하심이라."

 66. 믿는 자들의 선행은 다른 사람들에게 무엇을 행하게 합니까?

 하나님의 영광을 위하여!

믿는 자의 선한 행위는 믿지 않는 자들이 하나님께 영광을 돌리는 이유가 됩니다.
마태복음 5:16 "이같이 너희 빛이 사람 앞에 비치게 하여 그들로 너희 착한 행실을 보고 하늘에 계신 너희 아버지께 영광을 돌리게 하라."
베드로전서 2:12 "너희가 이방인 중에서 행실을 선하게 가져 너희를 악행한다고 비방하는 자들로 하여금 너희 선한 일을 보고 오시는 날에 하나님께 영광을 돌리게 하려 함이라."

모든 사람의 범죄함은 하나님의 영광에 이르지 못하게 합니다.
로마서 3:23 "모든 사람이 죄를 범하였으매 하나님의 영광에 이르지 못하더니."
다니엘 5:23 "도리어 자신을 하늘의 주재보다 높이며 그의 성전 그릇을 왕 앞으로 가져다가 왕과 귀족들과 왕후들과 후궁들이 다 그것으로 술을 마시고 왕이 또 보지도 듣지도 알지도 못하는 금, 은, 구리, 쇠와 나무, 돌로 만든 신상들을 찬양하고 도리어 왕의 호흡을 주장하시고 왕의 모든 길을 작정하시는 하나님께는 영광을 돌리지 아니한지라."

로마서 1:21 "하나님을 알되 하나님을 영화롭게도 아니하며 감사하지도 아니하고 오히려 그 생각이 허망하여지며 미련한 마음이 어두워졌나니."

하나님께 영광을 돌리지 않는 자는 하나님께서 심판하십니다.

다니엘 5:30 "그날 밤에 갈대아 왕 벨사살이 죽임을 당하였고."
말라기 2:2 "만군의 여호와가 이르노라 너희가 만일 듣지 아니하며 마음에 두지 아니하여 내 이름을 영화롭게 하지 아니하면 내가 너희에게 저주를 내려 너희의 복을 저주하리라 내가 이미 저주하였나니 이는 너희가 그것을 마음에 두지 아니하였음이라."
사도행전 12:23 "헤롯이 영광을 하나님께로 돌리지 아니하므로 주의 사자가 곧 치니 벌레에게 먹혀 죽으니라."

하나님께 영광을 돌리지 않는 자들은 그들의 죄로 인하여 하나님의 정죄를 당합니다.

그러므로 만물이 하나님께 영광을 돌리는 것이 합당합니다.

요한계시록 4:11 "우리 주 하나님이여 영광과 존귀와 권능을 받으시는 것이 합당하오니 주께서 만물을 지으신지라 만물이 주의 뜻대로 있었고 또 지으심을 받았나이다 하더라."

죄는 어떻게 성도를 공격하나요?

1. 죄로 이끌기 위해 죄가 행하는 모든 적극적인 활동은 영혼을 공격하는 특징이 있습니다(롬 7:24, 13:14).
   로마서 7:24 "오호라 나는 곤고한 사람이로다 이 사망의 몸에서 누가 나를 건져내랴."
   로마서 13:14 "오직 주 예수 그리스도로 옷 입고 정욕을 위하여 육신의 일을 도모하지 말라."
2. 죄는 끈질기며 집요합니다(롬 7:15-17).
3. 정서를 헝클어뜨리고, 헝클어진 정서를 통해 지성을 혼란시킵니다(골 3:5-6).
   골 3:5-6 "땅에 있는 지체를 죽이라 곧 음란과 부정과 사욕과 악한 정욕과 탐심이니 탐심은 우상숭배니라 이것들로 말미암아 하나님의 진노가 임하느니라."

📖 존 오웬, 《신자 안에 내재하는 죄》, 김귀탁 역 (서울: 부흥과개혁사, 2013), 110-113.

 67. 믿음의 선진들은 누구에게 영광을 돌렸나요?

 하나님의 영광을 위하여!
하나님께 영광을 돌렸습니다.

다윗

시편 57:5 "하나님이여 주는 하늘 위에 높이 들리시며 주의 영광이 온 세계 위에 높아지기를 원하나이다."

아브라함

로마서 4:20 "믿음이 없어 하나님의 약속을 의심하지 않고 믿음으로 견고하여져서 하나님께 영광을 돌리며."

바울

로마서 11:36 "이는 만물이 주에게서 나오고 주로 말미암고 주에게로 돌아감이라 그에게 영광이 세세에 있을지어다 아멘."

언제 우리는 깨어 있어야 하나요?

1. 성공할 때 깨어 있어야 합니다(잠 1:32; 호 13:6; 시 30:6-7).
   잠언 1:32 "미련한 자의 안일은 자기를 멸망시키려니와."
   호세아 13:6 "그들이 먹여 준 대로 배가 불렀고 배가 부르니 그들의 마음이 교만하여 이로 말미암아 나를 잊었느니라."
   시편 30:6-7 "내가 형통할 때에 말하기를 영원히 흔들리지 아니하리라 하였도다 여호와여 주의 은혜로 나를 산같이 굳게 세우셨더니 주의 얼굴을 가리시매 내가 근심하였나이다."

2. 은혜가 멈출 때 깨어 있어야 합니다(눅 22:46; 계 3:2). 회복이 불가능한 상황이 오기 전에 기도해야 합니다.
누가복음 22:46 "이르시되 어찌하여 자느냐 시험에 들지 않게 일어나 기도하라 하시니라."
요한계시록 3:2 "너는 일깨어 그 남은 바 죽게 된 것을 굳건하게 하라."
3. 영적 기쁨이 충만할 때 깨어 있어야 합니다(고후 12:7; 막 9:5).
고린도후서 12:7 "여러 계시를 받은 것이 지극히 크므로 너무 자만하지 않게 하시려고 내 육체에 가시 곧 사탄의 사자를 주셨으니 이는 나를 쳐서 너무 자만하지 않게 하려 하심이라."
마가복음 9:5 "베드로가 예수께 고하되 랍비여 우리가 여기 있는 것이 좋사오니 우리가 초막 셋을 짓되 하나는 주를 위하여, 하나는 모세를 위하여, 하나는 엘리야를 위하여 하사이다 하니."
4. 자신감이 넘칠 때 깨어 있어야 합니다(벧전 1:17; 롬 11:20; 고전 10:12).
베드로전서 1:17 "너희가 나그네로 있을 때를 두려움으로 지내라."
로마서 11:20 "높은 마음을 품지 말고 도리어 두려워하라."
고린도전서 10:12 "선 줄로 생각하는 자는 넘어질까 조심하라."
5. 은혜가 멈출 때 깨어 있어야 합니다.

📖 존 오웬, 《시험》, 김귀탁 역 (서울: 부흥과개혁사, 2013), 104-111.

 68. 많은 이들이 누구에게 영광을 돌렸나요?

 하나님의 영광을 위하여!

하나님께 영광을 돌렸습니다.

마태복음 9:8 "무리가 보고 두려워하며 이런 권능을 사람에게 주신 하나님께 영광을 돌리니라."
마태복음 15:31 "말 못하는 사람이 말하고 장애인이 온전하게 되고 다리 저는 사람이 걸으며 맹인이 보는 것을 무리가 보고 놀랍게 여겨 이스라엘의 하나님께 영광을 돌리니라."

예수님의 어머니 마리아
누가복음 1:46 "마리아가 이르되 내 영혼이 주를 찬양하며."

주님의 탄생을 목격한 목자들
누가복음 2:14 "지극히 높은 곳에서는 하나님께 영광이요 땅에서는 하나님이 기뻐하신 사람들 중에 평화로다 하니라."
누가복음 2:20 "목자들은 자기들에게 이르던 바와 같이 듣고 본 그 모든 것으로 인하여 하나님께 영광을 돌리고 찬송하며 돌아가니라."

하나님은 그의 백성들에게 영광이 되십니다.
시편 3:3 "여호와여 주는 나의 방패시요 나의 영광이시요 나의 머리를 드시는 자이시니이다."
스가랴 2:5 "여호와의 말씀에 내가 불로 둘러싼 성곽이 되며 그 가운데에서 영광이 되리라."

신자에게는 왜 죄를 죽여야 할 의무가 있나요?

죄가 우리 안에 있는 동안에는 죄를 죽이는 것 곧 살해하는 것이 우리의 의무이고, 항상 이 의무를 이행하며 살아야 합니다. 원수를 죽이라고 명령을 받은 자가 원수가 아직 살아 있는 것을 보면서도 공격하지 않는다면, 의무를 다하는 것이 아닙니다.

📖 존 오웬, 《죄 죽임》, 김귀탁 역 (서울: 부흥과개혁사, 2013), 43.

 69. 슬퍼하는 사람에게 기쁨과 즐거움, 그리고 행복을 주시는 목적은 무엇인가요?

 하나님의 영광을 위하여!

이사야 61:3 "무릇 시온에서 슬퍼하는 자에게 화관을 주어 그 재를 대신하며 기쁨의 기름으로 그 슬픔을 대신하며 찬송의 옷으로 그 근심을 대신하시고 그들이 의의 나무 곧 여호와께서 심으신 그 영광을 나타낼 자라 일컬음을 받게 하려 하심이라."

하나님은 그 백성이 슬퍼하거나 근심하게 하지 않으시며, 그 백성에게 화관과 기쁨을 주시는 분으로서 그러한 복을 받은 백성들은 하나님의 영광을 드러내야 할 것입니다.

 70. 성도들이 선한 삶을 살아야 하는 목적은 무엇인가요?

 하나님의 영광을 위하여!

요한복음 15:8 "너희가 열매를 많이 맺으면 내 아버지께서 영광을 받으실 것이요."

성도들의 열매 맺는 행실을 통해 신앙의 가장 큰 목적인 '하나님의 영광'이 드러난다는 것을 보여주는 말씀입니다.

베드로전서 4:11 "만일 누가 말하려면 하나님의 말씀을 하는 것같이 하고 누가 봉사하려면 하나님이 공급하시는 힘으로 하는 것같이 하라 이는 범사에 예수 그리스도로 말미암아 하나님이 영광을 받으시게 하려 함이니 그에게 영광과 권능이 세세에 무궁하도록 있느니라 아멘."

고리도전서 6:20 "값으로 산 것이 되었으니 그런즉 너희 몸으로 하나님께 영광을 돌리라."

사도행전 19:17 "에베소에 사는 유대인과 헬라인들이 다 이 일을 알고 두려워하며 주 예수의 이름을 높이고."

데살로니가후서 1:12 "우리 하나님과 주 예수 그리스도의 은혜대로 우리 주 예수의 이름이 너희 가운데서 영광을 받으시고 너희도 그 안에서 영광을 받게 하려 함이라."

목회자는 그리스도의 어떤 점을 본받아야 하나요?

1. 그리스도의 거룩함을 본받아야 합니다.
   그리스도와 같은 긍휼의 마음, 뜨거운 사랑과 풍성한 자비의 마음, 곤궁한 이들을 불쌍히 여기고 우는 자들과 더불어 울며, 영혼과 육체 모두 불행에 처한 이들을 돕고, 궁핍한 이들의 요구를 귀기울여 들어 주며, 고통당하는 이들의 고통을 덜어 주려는 마음을 가져야 합니다.
2. 그리스도의 영혼 사랑과 영혼 구원을 본받아야 합니다.
   그리스도의 기도와 영혼 구원을 위한 부지런함, 영혼 구원을 위한 희생과 헌신, 영혼 구원을 위한 열심을 본받아야 합니다.

📖 조나단 에드워즈, 《목사, 성도들의 영혼 지킴이》, 이용중 역 (서울: 부흥과개혁사, 2010), 58-65.

 71. 회개와 성화의 삶을 사는 목적은 무엇인가요?

 하나님의 영광을 위하여!

요한복음 15:8 "너희가 열매를 많이 맺으면 내 아버지께서 영광을 받으실 것이요 너희는 내 제자가 되리라."

빌립보서 1:11 "예수 그리스도로 말미암아 의의 열매가 가득하여 하나님의 영광과 찬송이 되기를 원하노라."

베드로전서 4:11 "만일 누가 말하려면 하나님의 말씀을 하는 것같이 하고 누가 봉사하려면 하나님이 공급하시는 힘으로 하는 것같이 하라 이는 범사에 예수 그리스도로 말미암아 하나님이 영광을 받으시게 하려 함이니 그에게 영광과 권능이 세세에 무궁하도록 있느니라 아멘."

 참된 신앙의 실천, 죄의 회개, 거룩한 생활로의 돌이킴 등의 목적도 하나님의 영광입니다. '하나님의 영광'이 모든 도덕적인 행위의 총계요 목적입니다(요 15:8; 벧전 4:11).

죄악된 백성들에 대한 형벌과 파멸은 어떻게 될까요?

1. 그들은 언제라도 망할 수 있습니다(시 73:18).
2. 그들은 전혀 예상치 않을 때에 갑자기 망할 수 있습니다(시 73:18-19).
3. 그들은 다른 사람이 떠밀었기 때문에 넘어지는 것이 아니라 '제풀에 그냥' 넘어질 것입니다.
4. 그들이 아직 넘어지지 않고 서 있는 것은 하나님의 정하신 때가 아직 임하지 않았기 때문입니다. 하나님은 언제가 악한 자를 지옥에 보내실 수 있는 능력이 있으십니다. 악인은 지옥에 떨어지는 것이 마땅합니다. 그들은 이미 지옥행 유죄 판결을 받았습니다. 그들은 지옥의 고통 속에 나타나고 있는 것과 똑같은 진노와 저주를 당하게 될 대상입니다. 마귀가 그들을 덮치려 하고 있습니다. 육적인 인간의 본성 속에는 지옥의 고통과 괴로움을 당할 수밖에 없는 근원이 들어 있습니다. 악인은 언제든지 죽음이 임박할 수 있습니다. 자기 생명을 소중히 보존한다고 해서 한순간이라도 안전한 것이 아닙니다. 지옥을 피하려고 애쓰고 노력한다고 해도 소용이 없습니다. 하나님은 악인에게 지옥을 피하게 해주겠다고 약속하시지 않으셨기에 그럴 의무도 없습니다.

📖 조나단 에드워즈, 《진노한 하나님의 손에 붙들린 죄인들》, 안보헌 역 (서울: 생명의말씀사, 2004), 7-27.

 **72. 성도들의 신앙의 목적은 무엇인가요?**

 하나님의 영광을 위하여!

마태복음 5:16 "이같이 너희 빛이 사람 앞에 비치게 하여 그들로 너희 착한 행실을 보고 하늘에 계신 너희 아버지께 영광을 돌리게 하라."

베드로전서 2:12 "너희가 이방인 중에서 행실을 선하게 가져 너희를 악행한다고 비방하는 자들로 하여금 너희 선한 일을 보고 오시는 날에 하나님께 영광을 돌리게 하려 함이라."

이것은 모든 신앙의 목적이 하나님께 영광을 돌리는 것임을 확인시켜 주는 말씀입니다. 하나님께서는 성도들이 참된 신앙과 윤리적 실천을 통해 하나님께 영광을 돌리는 것임을 말씀하십니다. 또한 다른 사람에 대한 선한 행위의 목적 역시 하나님께 영광을 돌리는 것이 목적임을 말씀하고 계십니다.

목회자가 그리스도를 본받아야 하는 이유는 무엇인가요?

1. 그리스도는 주님이시요 위대한 스승이시기 때문입니다.
2. 그리스도의 사역을 계속하도록 부름 받았기 때문입니다. 그리스도께 받은 빛과 능력으로 말미암아 말하고 행동해야 합니다.
3. 그리스도의 모범이 가장 가치 있는 일이기 때문입니다.
4. 그리스도를 본받도록 부름 받았기 때문입니다. 목회자는 사람들의 영혼에 대한 큰 사랑으로 이 일을 활기 있게 해나가야 하며, 사람들을 위해 자신의 모든 것과 자기 자신까지 남김없이 소진해야 합니다.

📖 조나단 에드워즈, 《목사, 성도들의 영혼 지킴이》, 이용중 역 (서울: 부흥과개혁사, 2010), 66–71.

 73. 인간의 의무는 무엇인가요?

 하나님의 영광을 위하여!

고린도전서 10:31 "그런즉 너희가 먹든지 마시든지 무엇을 하든지 다 하나님의 영광을 위하여 하라."

베드로전서 4:11 "만일 누가 말하려면 하나님의 말씀을 하는 것같이 하고 누가 봉사하려면 하나님이 공급하시는 힘으로 하는 것같이 하라 이는 범사에 예수 그리스도로 말미암아(예수 그리스도의 비하) 하나님이 영광을 받으시게 하려 함이니 그에게 영광과 권능이 세세에 무궁하도록 있느니라 아멘."

인간의 의무는 하나님의 영광을 최종 목적으로 추구하는 것입니다. 할 수 있는 만큼 영원히 하나님을 기뻐해야 합니다. 우리가 먹든지 마시든지 무엇을 하든지 하나님께 영광을 돌리는 것이 목적입니다.

죄 죽임을 위한 개별적 지침에는 무엇이 있나요?

1. 욕심에 수반되어 있는 위험한 징후들을 살펴보아야 합니다.
    (1) 욕심이 오래되고 고질화된 경우입니다.
    (2) 욕심을 묵인하고 타협하는 경우입니다.
    (3) 죄의 속임이 빈번하게 성공하는 경우입니다.
    (4) 형벌이 두려워 죄를 대적하는 경우입니다. 이런 자는 형벌이 없으면 죄를 지을 것입니다.
    (5) 하나님이 징계로 욕심을 허용하신 경우입니다.
    (6) 이미 처단당한 욕심이 계속 저항할 경우입니다.
2. 죄의 죄책과 위험성과 해악성을 분명히 유념해야 합니다.
    (1) 죄의 세력은 은혜의 힘에 의해 약화되지만, 내재하는 죄의 죄책은 악화되고 강화됩니다.
    (2) 하나님은 자기 종들의 마음속에서 역사하는 욕심의 활동을 더 악하게 보십니다.
    (3) 한평생 평강과 능력을 상실하는 위험에 처하게 됩니다.
    (4) 영원한 멸망에 대한 위험이 있습니다.
3. 양심이 죄책에 대한 부담을 갖게 해야 합니다.

4. 죄의 세력으로부터 벗어나기를 부단히 갈망하고 추구해야 합니다.
5. 우리 본성 속에 악한 기질이 뿌리를 두고 있지 않은지, 그리고 그 뿌리가 우리의 체질로 인해 자라고 있지 않은지 헤아려 보아야 합니다.
6. 욕심이 행사되고 정체를 드러내는 시기와 경우가 언제인지 살펴보고, 모든 상황에 대해 깨어 있어야 합니다.
7. 욕심의 최초의 행동 곧 최초로 잉태하는 것을 강력하게 막아야 합니다.
8. 마음을 겸손하고 낮은 상태에 두는 생각들로 채우기 위해 묵상을 사용하고 실천해야 합니다.
9. 죄로 인해 마음이 불안하게 될 때 하나님이 말씀하시기 전에는 마음이 평안하다고 말하지 말고, 하나님이 영혼에게 하시는 말씀을 경청해야 합니다.
10. 죄를 죽이기 위해 그리스도를 믿는 믿음을 활용해야 합니다.
11. 죄를 죽이는 일을 성령을 통해 일으키고 수행하며 성취하여야 합니다.

📖 존 오웬, 《죄 죽임》, 김귀탁 역 (서울: 부흥과개혁사, 2013), 114–195.

제7장

기도

74. 기도할 때 가장 먼저 해야 하는 것은 무엇인가요?

하나님의 영광을 위하여!

제자들에게 기도를 가르치실 때도 무엇보다 먼저 하나님의 영광을 구할 것을 말씀하셨습니다.
마태복음 6:9 "이름이 거룩히 여김을 받으시오며."

레위기에서도 같은 말씀을 하셨습니다.
레위기 10:3 "모세가 아론에게 이르되 이는 여호와의 말씀이라 이르시기를 나는 나를 가까이하는 자 중에서 내 거룩함을 나타내겠고 온 백성 앞에서 내 영광을 나타내리라 하셨느니라 아론이 잠잠하니."

에스겔에서도 같은 내용의 말씀을 하셨습니다.
에스겔 28:22 "너는 이르기를 주 여호와께서 이같이 말씀하시되 시돈아 내가 너를 대적하나니 네 가운데에서 내 영광이 나타나리라 하셨다 하라 내가 그 가운데에서 심판을 행하여(하나님의 영광을 드러냄) 내 거룩함을 나타낼 때에 무리가 나를 여호와인 줄을 알지라."

교회 부흥을 위한 중보기도회는 왜 필요합니까?

스가랴 8장은 교회가 미래에 누리게 될 영광에 관한 예언입니다. '많은 백성과 강대한 나라들이 참되신 여호와를 찾고 그를 경배할 것'(슥 8:22-23)이라는 예언은, 많은 이방인들이 돌아올 것이며 마지막 때 하나님의 교회가 영광스럽게 확정되는 사건 속에서만 성취될 것입니다. 즉, 하나님의 교회가 가장 영광스럽게 진보하며 확장을 누리게 될 것입니다(사 60:2-4). 유대인들의 큰 무리가 그리스도의 품으로 올 것이며, 이는 적그리스도가 패배한 후 바벨론 멸망 후 유대인들이 그리스도의 나라의 축복을 받을 것입니다.

📖 조나단 에드워즈, 《기도 합주회》, 정성욱 역 (서울: 부흥과개혁사, 2014), 6, 40.

 **75. 주기도문의 시작과 끝은 무엇인가요?**

 하나님의 영광을 위하여!

'하나님의 영광'은 주기도문의 시작과 끝입니다.

마태복음 6:9, 13 "이름이 거룩히 여김을 받으시오며……영광이 아버지께 영원히 있사옵나이다 아멘."

우리의 최종·최고 목적은 하나님의 영광입니다. 그래서 우리는 주기도문의 결론으로 '나라와 권세와 영광이 영원히 아버지의 것입니다'(마 6:13)라고 고백하는 것입니다.

죄의 법의 자리는 어디인가요?

마음입니다. 모든 죄악의 뿌리와 발생과 시작은 마음속에 있습니다(창 6:5, 8:21). 정욕은 자기를 먹고 자라는데, 스스로 독을 집어삼킴으로써 더 자라게 됩니다. 죄를 범할수록 죄로 끌리는 성향도 강해집니다. 악을 행함으로써 악을 쌓는 창고도 증가합니다.

인간은 죄인입니다(창 6:5, 8:21; 왕상 8:46; 욥 14:4, 13; 시 25:7, 51:7, 58:3, 103:3-4; 잠 20:9; 전 7:20; 사 43:27, 48:8, 57:3; 겔 16:3; 호 5:7; 요 3:6; 롬 3:23, 7:7; 약 3:2; 엡 2:3; 요일 1:8, 10).

📖 존 오웬, 《신자 안에 내재하는 죄》, 김귀탁 역 (서울: 부흥과개혁사, 2013), 59-61.

 76. 성도들이 최고로 하나님을 존중하는 표현은 무엇인가요?

 하나님의 영광을 위하여!

로마서 11:36 "이는 만물이 주에게서 나오고 주로 말미암고 주에게로 돌아감이라 그에게 영광이 세세에 있을지어다 아멘."

로마서 16:27 "지혜로우신 하나님께 예수 그리스도로 말미암아 영광이 세세무궁하도록 있을지어다 아멘."

갈라디아서 1:4-5 "그리스도께서 하나님 곧 우리 아버지의 뜻을 따라 이 악한 세대에서 우리를 건지시려고 우리 죄를 대속하기 위하여 자기 몸을 주셨으니 영광이 그에게 세세토록 있을지어다 아멘."

디모데후서 4:18 "주께서 나를 모든 악한 일에서 건져내시고 또 그의 천국에 들어가도록 구원하시리니 그에게 영광이 세세무궁토록 있을지어다 아멘."

에베소서 3:21 "교회 안에서와 그리스도 예수 안에서 영광이 대대로 영원무궁하기를 원하노라 아멘."

히브리서 13:21 "모든 선한 일에 너희를 온전하게 하사 자기 뜻을 행하게 하시고 그 앞에 즐거운 것을 예수 그리스도로 말미암아 우리 가운데서 이루시기를 원하노라 영광이 그에게 세세무궁토록 있을지어다 아멘."

요한계시록 1:5-6 "또 충성된 증인으로 죽은 자들 가운데에서 먼저 나시고 땅의 임금들의 머리가 되신 예수 그리스도로 말미암아 은혜와 평강이 너희에게 있기를 원하노라 우리를 사랑하사 그의 피로 우리 죄에서 우리를 해방하시고 그의 아버지 하나님을 위하여 우리를 나라와 제사장으로 삼으신 그에게 영광과 능력이 세세토록 있기를 원하노라 아멘."

하나님의 영원한 영광을 말씀하는 모든 말씀 뒤에는 항상 '아멘'이라는 단어가 있습니다.

성도들은 최선을 다해 하나님의 영광을 바라고 즐거워해야 합니다.

사도들이 때때로 그들의 경건을 열정적으로 표시하며, 최고의 존재이신 하나님께 존중을 표하는 방법은 바로 '하나님의 영광'입니다. 그리고 모든 말씀이 '아멘'으로 마칩니다.

교회 부흥을 위한 중보기도에 관한 성경의 근거는 무엇입니까?

스가랴 8장을 통해 보는 6가지 메시지

1. 교회 부흥을 위한 중보기도회는 교회의 의무입니다(슥 12:10).
2. 교회 부흥을 위한 중보기도회를 통한 유익은 하나님 자신의 임재입니다(슥 8:21; 시 24:6, 63:1-2, 8, 69:32, 73:25, 143:6). 약속된 부흥과 회복입니다(렘 29:10-14). 기도하는 사람이 추구하는 축복들은 바로 하나님의 은혜로우신 임재이며 복되신 하나님의 현현입니다(사 26:8-9, 52:6-8, 58:9, 45:17, 25:8-9).
3. 교회 부흥을 위한 중보기도회는 전 세계 교회가 동참해야 합니다(슥 8:20-23; 롬 2:28-29; 시 65:2).
4. 교회 부흥을 위한 중보기도회는 구체적인 합의를 통해 진행되어야 합니다(슥 8:21, 23).
5. 교회 부흥을 위한 중보기도회는 신속하면서도 지속적으로 해야 합니다(슥 8:21).
6. 교회 부흥을 위한 중보기도회는 하나님께서 기뻐하시는 일입니다.

📖 조나단 에드워즈, 《기도 합주회》, 정성욱 역 (서울: 부흥과개혁사, 2014), 42-55.

 77. 다윗이 가장 열정을 쏟아부은 것은 무엇인가요?

 하나님의 영광을 위하여!

이스라엘의 가장 뛰어난 시인이었던 다윗. 그가 그렇게 소망하고 열정을 쏟아부은 것도 바로 하나님의 영광이었습니다.

역대상 16:28-29 "여러 나라의 종족들아 영광과 권능을 여호와께 돌릴지어다 여호와께 돌릴지어다 여호와의 이름에 합당한 영광을 그에게 돌릴지어다 제물을 들고 그 앞에 들어갈지어다 아름답고 거룩한 것으로 여호와께 경배할지어다."

그리고 시편의 여러 구절에서도 그와 같은 표현을 하였습니다.

시편 29:1-2 "너희 권능 있는 자들아 영광과 능력을 여호와께 돌리고 돌릴지어다 여호와께 그의 이름에 합당한 영광을 돌리며 거룩한 옷을 입고 여호와께 예배할지어다."

시편 57:5 "하나님이여 주는 하늘 위에 높이 들리시며 주의 영광이 온 세계 위에 높아지기를 원하나이다."

시편 72:18-19 "홀로 기이한 일들을 행하시는 여호와 하나님 곧 이스라엘의 하나님을 찬송하며 그 영화로운 이름을 영원히 찬송할지어다 온 땅에 그의 영광이 충만할지어다 아멘 아멘."

제7장 기도 · **143**

시험의 성질은 무엇인가요?

시험은 고기를 자르든지 아니면 사람의 목을 자를 수 있는 양날을 가진 칼과 같습니다. 시험은 양약이 될 수도 있고, 독이 될 수도 있습니다. 또 훈련이 될 수도 있고, 파멸이 될 수도 있습니다.

📖 존 오웬, 《시험》, 김귀탁 역 (서울: 부흥과개혁사, 2013), 29.

 78. 성도를 선한 의의 길로 인도하시는 이유는 무엇인가요?

 하나님의 영광을 위하여!

시편 23:3 "내 영혼을 소생시키시고 자기 이름을 위하여 의의 길로 인도하시는도다."

에스겔 33:11 "너는 그들에게 말하라 주 여호와의 말씀이니라 나의 삶을 두고 맹세하노니 나는 악인이 죽는 것을 기뻐하지 아니하고 악인이 그의 길에서 돌이켜 떠나 사는 것을 기뻐하노라 이스라엘 족속아 돌이키고 돌이키라 너희 악한 길에서 떠나라 어찌 죽고자 하느냐 하셨다 하라."

죄에 대한 깨달음이 생기면 어떤 일들이 생깁니까?

1. 죄를 깊이 깨닫게 됩니다.
2. 자신들의 비참함을 깨닫게 됩니다.
3. 하늘나라로 더욱 맹렬히 침노합니다.
4. 죄된 행실을 버립니다. 악과 방종을 두려워합니다.
5. 성경 읽고, 기도하고, 묵상하고, 교회 예배와 교회 모임에 열심히 참석합니다.
6. 죄에 대해 진노하시는 하나님의 성품을 깨닫고 울부짖어 기도합니다.
7. 중보자가 필요하다는 사실을 깨닫습니다.
8. 하나님이 자신을 정죄하시는 것을 정당하다고 깨닫습니다.
9. 자신들의 극심한 죄성과 자신들의 행위가 모두 비열하다는 것을 깨닫습니다.
10. 죄가 신비하게 자신 앞에 드러나는 것을 깨닫습니다. 악한 행실, 악한 마음, 하나님에 대한 적대감, 하나님을 믿지 않은 죄, 그리스도를 받아들이지 않은 죄, 그분을 완고하게 거부한 죄가 얼마나 큰지 깨닫습니다.
11. 자신이 지옥에 가는 것이 마땅하다고 생각합니다.
12. 구원이 하나님의 주권에 있음을 깨닫습니다. 값없이 주시는 하나님의 은혜와 능력만을 높입니다.
13. 죄의 용서와 하나님의 의를 완전히 충족하신 그리스도의 은혜를 깨닫습니다.
14. 구원의 기쁨에 감격하여 놀라움과 감사를 나타냅니다.

📖 조나단 에드워즈, 《부흥론》, 양낙흥 역 (서울: 부흥과개혁사, 2013), 167-170.

 79. 광야에서 이스라엘 백성을 구하신 목적은 무엇인가요?

 하나님의 영광을 위하여!

신명기 7:7-8 "여호와께서 너희를 기뻐하시고 너희를 택하심은 너희가 다른 민족보다 수효가 많기 때문이 아니라 너희는 오히려 모든 민족 중에 가장 적으니라 여호와께서 다만 너희를 사랑하심으로 말미암아, 또는 너희의 조상들에게 하신 맹세를 지키려 하심으로 말미암아 자기의 권능의 손으로 너희를 인도하여 내시되 너희를 그 종 되었던 집에서 애굽 왕 바로의 손에서 속량하셨나니."

하나님께 구원의 주권이 있다는 것을 깨닫는 사람은 어떤 모습으로 반응하나요?

1. 그분의 의지와 완전 충족하시는 그리스도를 분명히 깨닫습니다.
2. 하나님의 진실성과 신실하심을 봅니다.
3. 복음적인 근거로써 위로를 얻습니다.
4. 그분 앞에 겸비해지고 주님과 교제하고자 소망합니다.
5. 하나님의 일이 최고로 탁월하다는 것을 깨닫습니다.

📖 조나단 에드워즈, 《부흥론》, 양낙흥 역 (서울: 부흥과개혁사, 2013), 225-226.

 80. 영혼을 회복시키시는 이유는 무엇인가요?

 하나님의 영광을 위하여!

> **시편 109:21** "그러나 주 여호와여 주의 이름으로 말미암아 나를 선대하소서 주의 인자하심이 선하시오니 나를 건지소서."
> **시편 31:3** "주는 나의 반석과 산성이시니 그러므로 주의 이름을 생각하셔서 나를 인도하시고 지도하소서."

믿는 자들이 죄를 짓는 원인은 무엇인가요?

신자가 범하는 모든 실제 범죄와 경향적인 타락의 원인은 내재하는 죄입니다(약 1:14-15).

📖 존 오웬, 《신자 안에 내재하는 죄》, 김귀탁 역 (서울: 부흥과개혁사, 2013), 263.

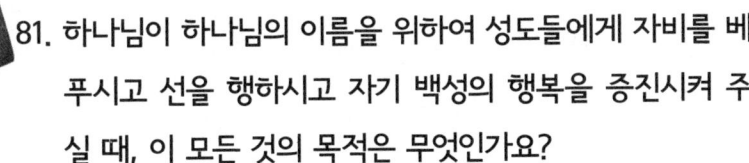 81. 하나님이 하나님의 이름을 위하여 성도들에게 자비를 베푸시고 선을 행하시고 자기 백성의 행복을 증진시켜 주실 때, 이 모든 것의 목적은 무엇인가요?

 하나님의 영광을 위하여!

하나님의 영광을 위하여 하나님은 참고 멸하지 않으십니다.

이사야 48:9-10 "내 이름을 위하여 내가 노하기를 더디 할 것이며 내 영광을 위하여 내가 참고 너를 멸절하지 아니하리라."

에스겔 36:22 "내가 이렇게 행함은 너희를 위함이 아니요 너희가 들어간 그 여러 나라에서 더럽힌 나의 거룩한 이름을 위함이라."

각성된 사람들의 반응은 어떻게 나타나나요?

1. 자신들이 나면서부터 비참한 상태였다는 것을 알게 됩니다.
2. 자신들이 처해 있는 영원한 멸망의 위험을 알게 됩니다.
3. 신속히 멸망을 피해 더 나은 상태에 들어가야 한다는 필요성을 크게 깨닫습니다.
4. 죄악된 행실을 버립니다. 악과 방종을 두려워합니다.
5. 구원의 수단을 진지하게 생각합니다. 성경 읽고, 기도하고, 예배와 예배 모임 참석에 열심입니다.

📖 조나단 에드워즈, 《부흥론》, 양낙흥 역 (서울: 부흥과개혁사, 2013), 211-212.

 82. 하나님의 백성이 존재하는 이유는 무엇인가요?

 하나님의 영광을 위하여!

요한복음 21:19 "이 말씀을 하심은 베드로가 어떠한 죽음으로 하나님께 영광을 돌릴 것을 가리키심이러라 이 말씀을 하시고 베드로에게 이르시되 나를 따르라 하시니."

하나님의 백성이 존재하는 것은 하나님의 이름을 위해서입니다. 그것은 하나님의 영광된 이름을 기뻐하고 즐거워하며 그 이름을 아는 것입니다.

신자는 어떤 태도로 죄를 대하여야 하나요?

1. 죄를 대적하는 일이 끝났다고 생각해서는 안 됩니다. 수많은 정복자가 승리 뒤에 방심함으로 파멸하였습니다. 죄는 크게 약해졌어도 영혼은 죄를 완전히 죽일 때까지 매진해야 합니다. 그 일은 끝이 없습니다. 한 평생 죄에 맞서 싸우는 것 외에 다른 길은 없습니다.
2. 죄는 요동하고 변덕스럽고 만물보다 거짓된 마음속에 있기 때문에 끝까지 깨어 대적해야 합니다. 절대로 믿지 말아야 합니다.
3. 하나님께 모든 문제를 주의 깊게, 그리고 부지런히 맡겨야 합니다. 아무리 구석에 숨어도 하나님이 우리 마음속에서 찾아내실 수 없는 배반자는 없습니다.

📖 존 오웬, 《신자 안에 내재하는 죄》, 김귀탁 역 (서울: 부흥과개혁사, 2013), 69–71.

 83. 하나님이 우리의 기도를 들어주시는 목적은 무엇인가요?

 하나님의 영광을 위하여!

사무엘하 7:23 "땅의 어느 한 나라가 주의 백성 이스라엘과 같으리이까 하나님이 가서 구속하사 자기 백성으로 삼아 주의 명성을 내시며 그들을 위하여 큰 일을, 주의 땅을 위하여 두려운 일을 애굽과 많은 나라들과 그의 신들에게서 구속하신 백성 앞에서 행하셨사오며."
예레미야 13:11 "여호와의 말씀이니라 띠가 사람의 허리에 속함같이 내가 이스라엘 온 집과 유다 온 집으로 내게 속하게 하여 그들로 내 백성이 되게 하며 내 이름과 명예와 영광이 되게 하려 하였으나."

사도행전에서도 하나님의 영광을 위함임을 말씀하십니다.
사도행전 15:14 "하나님이 처음으로 이방인 중에서 자기 이름을 위할 백성을 취하시려고 그들을 돌보신 것을 시므온이 말하였으니."

어떤 기도를 할 때 그것을 들어주시든 들어주시지 않든 간에 그것은 하나님의 섭리입니다. 그러므로 우리는 하나님의 섭리를 믿음으로 순종하여야 합니다. 그것이 믿는 자의 바른 자세입니다. 내가 원하는 것을 들어주시지 않는다고 토라지거나 속상해하지 말아야 합니다.

어떤 일이 있을 때 시험을 받게 됩니까?

1. 세상과 타협할 때 그렇습니다.
2. 의무를 무시할 때 그렇습니다.
3. 신자들 간에 다툼과 분열과 논쟁이 있을 때 그렇습니다.

📖 존 오웬, 《시험》, 김귀탁 역 (서울: 부흥과개혁사, 2013), 143.

 84. 왜 성도들이 거룩한 삶을 목적으로 살아야 하나요?

 하나님의 영광을 위하여!

마태복음 5:16 "이같이 너희 빛이 사람 앞에 비치게 하여 그들로 너희 착한 행실을 보고 하늘에 계신 너희 아버지께 영광을 돌리게 하라."

베드로전서 2:12 "너희가 이방인 중에서 행실을 선하게 가져 너희를 악행한다고 비방하는 자들로 하여금 너희 선한 일을 보고 오시는 날에 하나님께 영광을 돌리게 하려 함이라."

하나님의 백성이 거룩하게 살아야 하는 이유는 바로 하나님의 영광 때문입니다.

하나님의 이름은 성도들이 왜 윤리와 신앙과 거룩한 행동의 삶을 목적으로 삼아야 하는지 그 이유에 대해 말씀하고 있습니다.
요한계시록 2:3 "또 네가 참고 내 이름을 위하여 견디고 게으르지 아니한 것을 아노라."
사무엘하 7:26 "사람이 영원히 주의 이름을 크게 높여 이르기를 만군의 여호와는 이스라엘의 하나님이라 하게 하옵시며 주의 종 다윗의 집이 주 앞에 견고하게 하옵소서."
시편 148:13 "여호와의 이름을 찬양할지어다 그의 이름이 홀로 높으시며 그의 영광이 땅과 하늘 위에 뛰어나심이로다."
이사야 12:4 "그날에 너희가 또 말하기를 여호와께 감사하라 그의 이름을 부르며 그의 행하심을 만국 중에 선포하며 그의 이름이 높다 하라."

성도는 하나님의 영광과 마찬가지로 하나님 이름의 영광을 바라며, 하나님의 이름을 즐거워하며, 그 이름을 증거하는 행동이 나타납니다.

목회자에게 하는 권면은 무엇인가요?

1. 보배와 같은 영혼을 맡겨 주신 큰 영광을 명심해야 합니다. 주님은 자신의 피와 생명과 영혼까지도 사람들이 구원을 얻도록 그들을 대속하기 위해 그 대가로 자신의 생명을 바치는 것을 아까워하지 않으셨습니다.
2. 그리스도께서 영혼 구원의 본을 보여주신 것을 생각해야 합니다.
3. 그리스도를 대신하여 성도들을 대해야 합니다.
4. 그리스도께서 맡겨 주신 영혼들에 대해 회계해야 한다는 것을 명심해야 합니다. 마지막 날 하나님 앞에서 목회자는 하나님이 맡겨 주신 영혼을 어떻게 돌보았는지 회계해야 할 것입니다. 그리스도는 영혼들의 핏값을 목사들의 손에서 찾으실 것입니다.
5. 자신이 맡은 영혼을 그리스도의 심판대 앞에서 다시 만나게 됨을 명심해야 합니다.

📖 조나단 에드워즈, 《목사, 성도들의 영혼 지킴이》, 이용중 역 (서울: 부흥과개혁사, 2010), 34-41.

성령의 역사는 어떤 결과로 나타나나요?

1. 예수님에 대한 바른 신앙을 고백하게 합니다.
2. 죄에 대한 각성과 회개를 하게 합니다.
3. 성경에 대한 높은 관심을 가지게 합니다(사 8:19-20). 성경은 마귀와 싸울 때에 사용하는 주된 무기입니다(계 12:7, 11; 엡 6:17).
4. 건전한 교리와 신학을 가지게 합니다(엡 5:13).
5. 하나님과 사람에 대한 사랑을 합니다(요일 4:7, 11-13, 16-19; 고전 13:4-5; 마 11:29).

📖 조나단 에드워즈, 《성령의 역사 분별 방법》, 노병기 역 (서울: 부흥과개혁사, 2013), 105-140.

 85. 인간의 도덕적 삶의 목적은 무엇인가요?

 하나님의 영광을 위하여!

이사야 43:21 "이 백성은 내가 나를 위하여 지었나니 나를 찬송하게 하려 함이니라."

베드로전서 2:9 "그러나 너희는 택하신 족속이요 왕 같은 제사장들이요 거룩한 나라요 그의 소유가 된 백성이니 이는 너희를 어두운 데서 불러내어 그의 기이한 빛에 들어가게 하신 이의 아름다운 덕을 선포하게 하려 하심이라."

시험에 든 것을 어떻게 알 수 있나요?

1. 어떤 죄에 끌릴 때 알 수 있습니다(약 1:14). 죄를 일으키는 원인으로 죄의 뿌리에서 역사하는 시험을 주의해야 합니다. 시험에서 건짐 받지 못하는 한, 결코 죄로부터 고침 받지 못할 것입니다.
야고보서 1:14 "오직 각 사람이 시험을 받는 것은 자기 욕심에 끌려 미혹됨이니."
2. 욕심이 높아지면 시험에 든 것입니다. 평소보다 더욱 조심함으로써 외적 시험에 대해 유리한 위치를 차지해야 합니다.
히스기야–앗수르의 군대 18만 5천을 이기고 난 후, 심한 질병으로 죽게 되었을 때 기도하여 하나님의 긍휼하심으로 삶을 15년 연장받은 후 먼 나라 바벨론에서 방백들이 와서 그를 축하하며 어떻게 나았는지를 묻자, 하나님께 영광을 돌리지 않고 교만해져서 온 성의 모든 보물을 보여줌으로 시험에 듭니다.

역대하 32:25 "히스기야가 마음이 교만하여 그 받은 은혜를 보답하지 아니하므로."

역대하 32:31 "바벨론 방백들이 히스기야에게 사신을 보내어 그 땅에서 나타난 이적을 물을 때에 하나님이 히스기야를 떠나시고 그의 심중에 있는 것을 다 알고자 하사 시험하셨더라."

다윗-역대상 21:1 "사탄이 일어나 이스라엘을 대적하고 다윗을 충동하여 이스라엘을 계수하게 하니라."

가룟 유다-누가복음 22:3 "열둘 중의 하나인 가룟인이라 부르는 유다에게 사탄이 들어가니."

3. 시험의 내용을 좋아하기 시작하고, 은밀한 방법으로 시험이 조장되고 증가되는 것에 만족할 때 시험에 든 것입니다. 죄된 노력은 정욕을 위하여 육신의 일을 도모하는 결과가 됩니다(롬 13:14).

로마서 13:14 "오직 주 예수 그리스도로 옷 입고 정욕을 위하여 육신의 일을 도모하지 말라."

4. 삶의 상태나 조건에 의해, 또는 어떤 수단들을 통해 정욕과 시험이 서로 결탁할 때 시험에 든 것입니다.

5. 의무를 제대로 수행하지 못할 때 시험에 든 것입니다.

사데 교회-요한계시록 3:1 "사데 교회의 사자에게 편지하라 하나님의 일곱 영과 일곱 별을 가지신 이가 이르시되 내가 네 행위를 아노니 네가 살았다 하는 이름은 가졌으나 죽은 자로다."

📖 존 오웬, 《시험》, 김귀탁 역 (서울: 부흥과개혁사, 2013), 88-96.

 86. 하나님이 그 백성들에게 호의와 자비를 베푸신 목적은 무엇인가요?

 하나님의 영광을 위하여!

하나님 이름의 영광은 하나님의 백성들에 대한 호의와 자비의 위대한 목적입니다. 오직 하나님의 이름만이 홀로 영광을 받아야 합니다.

열왕기상 8:59-60 "여호와 앞에서 내가 간구한 이 말씀이 주야로 우리 하나님 여호와께 가까이 있게 하시옵고 또 주의 종의 일과 주의 백성 이스라엘의 일을 날마다 필요한 대로 돌아보사 이에 세상 만민에게 여호와께서만 하나님이시고 그 외에는 없는 줄을 알게 하시기를 원하노라."

열왕기하 19:19 "우리 하나님 여호와여 원하건대 이제 우리를 그의 손에서 구원하옵소서 그리하시면 천하 만국이 주 여호와가 홀로 하나님이신 줄 알리이다 하니라."

고린도후서 4:15 "이는 모든 것이 너희를 위함이니 많은 사람의 감사로 말미암아 은혜가 더하여 넘쳐서 하나님께 영광을 돌리게 하려 함이라."

회개 후 나타나는 죄에 대한 각성과 회개는 무엇인가요?

1. 성령은 세상을 미워하도록 하고, 마귀는 세상을 사랑하게 합니다(요일 4:4-5).
2. 세상은 죄의 육신에 속한 모든 것을 말합니다(요일 2:15-16).
3. 성령은 세상을 사랑하지 않도록 하고, 하나님의 나라를 추구하게 합니다.
4. 사탄은 사람의 죄와 양심을 깨우는 일을 하지 않습니다.
5. 양심이 각성된 사람일수록 마귀에게 미혹될 확률이 적습니다.
6. 성령은 양심을 깨우치고 죄의 악함을 깨닫게 합니다(마 12:25-26).
7. 성령은 죄의 비참을 깨닫고 구원을 추구하게 만듭니다.
8. 성령은 하나님과 하나님 나라의 탁월함으로 인해 세상의 욕망을 버리게 합니다.

📖 조나단 에드워즈, 《성령의 역사 분별 방법》, 노병기 역 (서울: 부흥과개혁사, 2013), 114-120.

 87. 하나님이 표적을 행하시는 이유는 무엇인가요?

 하나님의 영광을 위하여!

신명기 29:5-6 "주께서 사십 년 동안 너희를 광야에서 인도하게 하셨거니와 너희 몸의 옷이 낡아지지 아니하였고 너희 발의 신이 해어지지 아니하였으며 너희에게 떡도 먹지 못하며 포도주나 독주를 마시지 못하게 하셨음은 주는 너희의 하나님 여호와이신 줄을 알게 하려 하심이니라."

성령의 역사가 충만할 때 조심해야 할 것은 무엇인가요?

1. 부흥을 반대할 빌미를 제공하지 않도록 조심해야 합니다(고후 11:12; 딛 2:7-8; 마 10:16).
2. 영적 교만을 조심해야 합니다. 겸손과 자기 부인을 하여야 합니다(출 34:29; 고후 12:7).
3. 내적 충동과 직통 계시에 집착해서는 안 됩니다.
4. 성령의 은사와 은혜를 구별할 줄 알아야 합니다. 은혜는 모든 성도에게 주시는 것이지만, 은사는 불신자에게도 주어질 수 있습니다(마 7:22; 고전 12:31; 눅 10:20).
5. 목회자들이 공부를 게을리 해서는 안 됩니다.
6. 다른 사람을 함부로 판단해서는 안 됩니다(약 4:12; 고전 4:3-4). 구원받았는지 아닌지를 함부로 판단해서는 안 됩니다(고전 4:5). 회심 여부를 쉽게 판단해서는 안 됩니다(예: 가롯 유다, 아히도벨의 예를 볼 때도 사람은 쉽게 판단할 수 없음을 알 수 있습니다).
7. 참된 성도들만으로 구성된 가시적 교회를 만들 수 있다는 환상을 버려야 합니다.
8. 반부흥주의자들과 지나친 논쟁을 피하십시오(딤후 2:24-26).
9. 너무 과격한 형식을 사용함으로써 부흥 반대의 빌미를 제공해서는 안 됩니다(고전 9:20-23).

📖 조나단 에드워즈, 《성령의 역사 분별 방법》, 노병기 역 (서울: 부흥과개혁사, 2013), 179-206.

 88. 하나님을 찬양한다는 것은 결국 무엇을 찬양한다는 것입니까?

 하나님의 영광을 위하여!

예레미야 13:11 "여호와의 말씀이니라 띠가 사람의 허리에 속함같이 내가 이스라엘 온 집과 유다 온 집으로 내게 속하게 하여 그들로 내 백성이 되게 하며 내 이름과 명예와 영광이 되게 하려 하였으나."

마태복음 21:16 "예수께 말하되 그들이 하는 말을 듣느냐 예수께서 이르시되 그렇다 어린 아기와 젖먹이들의 입에서 나오는 찬미를 온전하게 하셨나이다 함을 너희가 읽어 본 일이 없느냐 하시고."

빌립보서 1:11 "예수 그리스도로 말미암아 의의 열매가 가득하여 하나님의 영광과 찬송이 되기를 원하노라."

성경을 보면 하나님을 찬양한다는 것은 곧 '하나님의 이름과 영광을 찬양한다'는 것을 의미함을 알 수 있습니다. 이것은 또한 백성의 삶의 목적이기도 합니다.

은혜가 제공하는 능력을 받지 못했다는 불안감이 있습니다. 어떻게 해야 불안감을 떨칠 수 있는지요?

1. 죄의 반역과 지배를 구별하여야 합니다.
2. 복음이 주는 은혜의 목적을 생각하십시오. 죄는 우리 안의 영적인 삶을 완전히 파괴하지 못합니다. 또한 은혜가 활동하는 것을 막지도 못합니다.
3. 하나님이 지속적으로 은혜를 공급하신다는 사실을 기억하십시오. 복음은 우리에게 구원을 주시는 하나님의 능력입니다(롬 1:16).
   로마서 1:16 "내가 복음을 부끄러워하지 아니하노니 이 복음은 모든 믿는 자에게 구원을 주시는 하나님의 능력이 됨이라."
4. 은혜를 전달하시는 그리스도께 탄원하십시오.
   히브리서 4:14-16 "그러므로 우리에게 큰 대제사장이 계시니 승천하신 이 곧 하나님의 아들 예수시라 우리가 믿는 도리를 굳게 잡을지어다 우리에게 있는 대제사장은 우리의 연약함을 동정하지 못하실 이가 아니요 모든 일에 우리와 똑같이 시험을 받으신 이로되 죄는 없으시니라 그러므로 우리는 긍휼하심을 받고 때를 따라 돕는 은혜를 얻기 위하여 은혜의 보좌 앞에 담대히 나아갈 것이니라."
5. 은혜가 역사하는 방법을 기억하십시오. 성령의 도우심으로 '죄는 우리를 지배하지 못하는데, 이는 우리가 율법 아래 있지 아니하고 은혜 아래 있기 때문입니다'라는 진리를 믿으십시오.
6. 은혜의 복음은 자유를 준다는 사실을 기억하십시오(고후 3:17).
   고린도후서 3:17 "주는 영이시니 주의 영이 계신 곳에는 자유가 있느니라."
7. 은혜는 신자를 효과적으로 인도하며 위로합니다.
   로마서 10:3-4 "하나님의 의를 모르고 자기 의를 세우려고 힘써 하나님의 의에 복종하지 아니하였느니라 그리스도는 모든 믿는 자에게 의를 이루기 위하여 율법의 마침이 되시니라."
   이사야 40:31 "오직 여호와를 앙망하는 자는 새 힘을 얻으리니 독수리

> 가 날개 치며 올라감 같을 것이요 달음박질하여도 곤비하지 아니하겠고 걸어가도 피곤하지 아니하리로다."
> 8. 은혜의 복음 안에는 죄를 멸하시는 그리스도가 있습니다.
> 갈라디아서 3:2 "내가 너희에게서 다만 이것을 알려 하노니 너희가 성령을 받은 것이 율법의 행위로냐 혹은 '듣고 믿음으로냐."
> 📖 존 오웬, 《죄와 은혜의 지배》, 이한상 역 (서울: 부흥과개혁사, 2012), 141-151.

 **89. 우리가 사나 죽으나 무엇을 위하여 살고 죽어야 하나요?**

 하나님의 영광을 위하여!

하나님을 찬양한다는 것은 하나님의 영광을 찬양하는 것입니다. 찬양은 믿는 자가 행해야 할 가장 중요한 일입니다. 기회 있을 때 하나님을 찬양하는 삶을 살아야 합니다.

로마서 14:8 "우리가 살아도 주를 위하여 살고 죽어도 주를 위하여 죽나니 그러므로 사나 죽으나 우리가 주의 것이로다."

시편 88:10 "주께서 죽은 자에게 기이한 일을 보이시겠나이까 유령들이 일어나 주를 찬송하리이까."

시편 30:9 "내가 무덤에 내려갈 때에 나의 피가 무슨 유익이 있으리요 진토가 어떻게 주를 찬송하며 주의 진리를 선포하리이까."

시편 115:17-18 "죽은 자들은 여호와를 찬양하지 못하나니 적막한 데로 내려가는 자들은 아무도 찬양하지 못하리로다 우리는 이제부터 영원까지 여호와를 송축하리로다 할렐루야."

이사야 38:18-19 "스올이 주께 감사하지 못하며 사망이 주를 찬양하지 못하며 구덩이에 들어간 자가 주의 신실을 바라지 못하되 오직 산 자 곧 산 자는 오늘 내가 하는 것과 같이 주께 감사하며 주의 신실을 아버지가 그의 자녀에게 알게 하리이다."

하나님이 시험하시는 방법은 무엇인가요?

1. 감당하기 힘든 의무를 부여하는 방법으로 시험하십니다. 아브라함이 독자 이삭을 바쳐야 하는 시험이 그 예입니다.
2. 큰 고난을 주는 방법으로 시험하십니다(벧전 1:6-7).
   베드로전서 1:6-7 "그러므로 너희가 이제 여러 가지 시험으로 말미암아 잠깐 근심하게 되지 않을 수 없으나 오히려 크게 기뻐하는도다 너희 믿음의 확실함은 불로 연단하여도 없어질 금보다 더 귀하여 예수 그리스도께서 나타나실 때에 칭찬과 영광과 존귀를 얻게 할 것이니라."
3. 죄로 인해 일어난 사건들 속에서 사람들을 섭리를 통해 다루시는 방법으로 시험하십니다(신 13:3).
   신명기 13:3 "너는 그 선지자나 꿈 꾸는 자의 말을 청종하지 말라 이는 너희의 하나님 여호와께서 너희가 마음을 다하고 뜻을 다하여 너희의 하나님 여호와를 사랑하는 여부를 알려 하사 너희를 시험하심이니라."
📖 존 오웬, 《시험》, 김귀탁 역 (서울: 부흥과개혁사, 2013), 35-37.

시험의 정의가 무엇인가요?

시험이란 이유 여하를 막론하고 하나님께서 사람에게 요구하시는 순종을 버리고 어떻게든 죄를 범하도록 사람의 정신과 마음을 유혹하고 이끄는 힘, 또는 효력을 갖고 있는 어떤 일, 상태, 방법, 또는 조건을 말합니다.
📖 존 오웬, 《시험》, 김귀탁 역 (서울: 부흥과개혁사, 2013), 39.

 90. 성도는 왜 선한 삶을 살아야 하나요?

 하나님의 영광을 위하여!

로마서 13:8-10 "피차 사랑의 빚 외에는 아무에게든지 아무 빚도 지지 말라 남을 사랑하는 자는 율법을 다 이루었느니라 간음하지 말라, 살인하지 말라, 도둑질하지 말라, 탐내지 말라 한 것과 그 외에 다른 계명이 있을지라도 네 이웃을 네 자신과 같이 사랑하라 하신 그 말씀 가운데 다 들었느니라 사랑은 이웃에게 악을 행하지 아니하나니 그러므로 사랑은 율법의 완성이니라."

갈라디아서 5:14 "온 율법은 네 이웃 사랑하기를 네 자신같이 하라 하신 한 말씀에서 이루어졌나니."

야고보서 2:8 "너희가 만일 성경에 기록된 대로 네 이웃 사랑하기를 네 몸과 같이 하라 하신 최고의 법을 지키면 잘하는 것이거니와."

91. 주님께서 우리를 하나님의 백성으로 만드신 목적은 무엇인가요?

하나님의 영광을 위하여!

에베소서 1:5-6 "그 기쁘신 뜻대로 우리를 예정하사 예수 그리스도로 말미암아 자기의 아들들이 되게 하셨으니 이는 그가 사랑하시는 자 안에서 우리에게 거저 주시는 바 그의 은혜의 영광을 찬송하게 하려는 것이라."

이사야 60:21 "네 백성이 다 의롭게 되어 영원히 땅을 차지하리니 그들은 내가 심은 가지요 내가 손으로 만든 것으로서 나의 영광을 나타낼 것인즉."

이사야 61:3 "무릇 시온에서 슬퍼하는 자에게 화관을 주어 그 재를 대신하며 기쁨의 기름으로 그 슬픔을 대신하며 찬송의 옷으로 그 근심을 대신하시고 그들이 의의 나무 곧 여호와께서 심으신 그 영광을 나타낼 자라 일컬음을 받게 하려 하심이라."

하나님께 영광을 돌리지 않는 자는 하나님께서 심판하십니다.
다니엘 5:30 "그날 밤에 갈대아 왕 벨사살이 죽임을 당하였고."
말라기 2:2 "만군의 여호와가 이르노라 너희가 만일 듣지 아니하며 마음에 두지 아니하여 내 이름을 영화롭게 하지 아니하면 내가 너희에게 저주를 내려 너희의 복을 저주하리라 내가 이미 저주하였나니 이는 너희가 그것을 마음에 두지 아니하였음이라."
사도행전 12:23 "헤롯이 영광을 하나님께로 돌리지 아니하므로 주의 사자가 곧 치니 벌레에게 먹혀 죽으니라."

제**8**장

심판

 92. 하나님이 사람의 죄악을 드러내시는 목적은 무엇인가요?

 하나님의 영광을 위하여!

여호수아 7:19 "그러므로 여호수아가 아간에게 이르되 내 아들아 청하노니 이스라엘의 하나님 여호와께 영광을 돌려 그 앞에 자복하고 네가 행한 일을 내게 알게 하라 그 일을 내게 숨기지 말라 하니."

마지막 날의 종말의 영광은 어떤 모습인가요?

1. 그날에는 지식과 총명, 특히 영적 지식이 크게 증가합니다(사 23:18, 25:7, 30:26, 32:3–4, 60:21, 65:20; 슥 12:8, 14:20–21; 렘 31:34).
2. 그날에는 경건과 참된 기독교가 최상의 위치에 있게 됩니다(사 2:4, 11:6, 32:17–18, 33:20–21, 49:23, 52:1–2, 60:16; 시 45:12, 46:9, 72:3, 113:7–8).
3. 그날에는 교회가 영영한 아름다움을 회복합니다(슥 14:9, 16; 렘 32:39; 시 50:2, 67:6; 사 12:3, 24:16, 25:6, 30:23–24, 33:24, 44:23, 55:12, 60:15, 62:5, 65:22; 겔 47:12; 욜 3:18; 습 3:17; 계 18:20, 19:1–9, 21:2).
4. 그러기에 교회에 약속된 영광을 위해 기도하는 것은 참으로 중요합니다.

📖 조나단 에드워즈, 《기도 합주회》, 정성욱 역 (서울: 부흥과개혁사, 2014), 92–99.

죄와 형벌에 대한 깊은 각성에 있어서의 통일성과 다양성은 무엇인가요?

1. 갑작스럽게 죄에 대해 각성한 사람도 있고, 서서히 각성한 사람들도 있었습니다.
2. 죄에 대한 각성을 경험한 사람들은 죄된 행실을 버리고, 죄짓는 것에 대한 두려움을 가졌습니다.
3. 어떤 이는 은혜의 수단인 성경 읽기, 기도, 예배와 모임에 열심히 참석하기 시작했습니다.
4. 죄로 인한 고통을 경험한 사람들이 있었고, 그 기간이 다양했습니다.
5. 어떤 이는 하나님이 자신들을 정죄하시는 것이 정당함을 깨달았습니다.

📖 조나단 에드워즈, 《놀라운 부흥과 회심 이야기》, 백금산 역 (서울: 부흥과개혁사, 2014), 23.

 **93. 하나님이 원수에 대한 심판을 하시는 목적은 무엇인가요?**

 하나님의 영광을 위하여!

하나님의 원수에 대한 하나님의 심판을 집행하심으로 하나님의 영광을 보여주십니다.

출애굽기 14:17-18 "내가 애굽 사람들의 마음을 완악하게 할 것인즉 그들이 그 뒤를 따라 들어갈 것이라 내가 바로와 그의 모든 군대와 그의 병거와 마병으로 말미암아 영광을 얻으리니 내가 바로와 그의 병거와 마병으로 말미암아 영광을 얻을 때에야 애굽 사람들이 나를 여호와인 줄 알리라 하시더니."

에스겔 28:22 "너는 이르기를 주 여호와께서 이같이 말씀하시되 시돈아 내가 너를 대적하나니 네 가운데에서 내 영광이 나타나리라 하셨다 하라 내가 그 가운데에서 심판을 행하여 내 거룩함을 나타낼 때에 무리가 나를 여호와인 줄을 알지라."

데살로니가후서 1:9-10 "이런 자들은 주의 얼굴과 그의 힘의 영광을 떠나 영원한 멸망의 형벌을 받으리로다 그날에 그가 강림하사 그의 성도들에게서 영광을 받으시고 모든 믿는 자들에게서 놀랍게 여김을 얻으시리니 이는 (우리의 증거가 너희에게 믿어졌음이라)."

성경 어디에 영원한 형벌이 나오나요?

신명기 32장, 이사야 66장, 다니엘 12장, 마태복음 5, 10, 18, 23장, 마가복음 9장, 누가복음 12장, 요한복음 5장, 갈라디아서 6장, 에베소서 5장, 데살로니가후서 1장, 요한계시록 14, 20장에 나와 있습니다.

📖 더글라스 A. 스위니, 오웬 스트라챈, 《조나단 에드워즈의 천국과 지옥》, 김찬영 역 (서울: 부흥과개혁사, 2012), 69.

주님 안에서 죽는 자의 모습은 어떤가요?

아무런 동요 없이 마지막 순간까지 감탄할 만큼 감미롭게 영혼의 평안을 유지합니다. 잠든 사람처럼 조용히 눈을 감습니다.

📖 조나단 에드워즈, 《놀라운 부흥과 회심 이야기》, 백금산 역 (서울: 부흥과개혁사, 2014), 135.

 94. 악인을 심판하시는 목적은 무엇인가요?

 하나님의 영광을 위하여!

악인들을 심판하시는 것도 하나님 이름의 영광을 위하여 하십니다.

느헤미야 9:10 "이적과 기사를 베푸사 바로와 그의 모든 신하와 그의 나라 온 백성을 치셨사오니 이는 그들이 우리의 조상들에게 교만하게 행함을 아셨음이라 주께서 오늘과 같이 명예를 얻으셨나이다."

이사야 25:3 "강한 민족이 주를 영화롭게 하며 포학한 나라들의 성읍이 주를 경외하리이다."

에스겔 28:22 "너는 이르기를 주 여호와께서 이같이 말씀하시되 시돈아 내가 너를 대적하나니 네 가운데에서 내 영광이 나타나리라 하셨다 하라 내가 그 가운데에서 심판을 행하여 내 거룩함을 나타낼 때에 무리가 나를 여호와인 줄을 알지라."

제8장 심판 • **171**

요한계시록 14:7 "그가 큰 음성으로 이르되 하나님을 두려워하며 그에게 영광을 돌리라 이는 그의 심판의 시간이 이르렀음이니 하늘과 땅과 바다와 물들의 근원을 만드신 이를 경배하라 하더라."

하나님께서는 심판을 통하여 하나님의 영광을 드러내셨습니다.

완고한 죄인들에 대한 형벌은 어떠한가요?

1. 완고한 죄인들은 하나님을 이길 수 없기에 스스로 구원할 수 없습니다(고전 10:22).
2. 완고한 죄인들은 하나님의 진노를 진정시키거나 누그러뜨릴 힘이 없습니다.
3. 완고한 죄인들은 하나님께 중재해 줄 만한 친구가 하나도 없습니다.
4. 완고한 죄인들은 결코 도망칠 수 없습니다(계 3:7).
5. 완고한 죄인들은 그 감옥의 고통을 완화시킬 만한 것은 아무것도 발견할 수 없습니다.

📖 조나단 에드워즈, 《진노한 하나님의 손에 붙들린 죄인들》, 안보헌 역 (서울: 생명의말씀사, 2004), 63-98.

사탄은 어떻게 인간을 유혹하나요?

1. 스스로 빛의 천사로 가장하고, 신적인 것들에 대한 놀라운 지식을 자랑하며 유혹합니다(골 2:8; 딤전 1:6-7, 6:3-5; 딤후 2:14, 16-18; 딛 1:10, 16).

2. 대단한 거룩함과 말씀에 대한 헌신이 있는 것처럼 위장하고, 거짓말로 꾸밉니다(롬 16:17-18; 엡 4:14). 이들은 속이는 일꾼이요, 물 없는 우물이요, 구름입니다(고후 11:13; 벧후 2:17; 유 1:12).
3. 미신적인 예배를 하면서 대단한 경건과 의를 가진 척합니다(골 2:16-18, 21-23). 이들은 거짓되고, 교만하며, 열심을 가지고 있습니다(갈 4:17-18; 딤전 1:6, 6:4-5).

📖 조나단 에드워즈, 《성령의 역사 분별 방법》, 노병기 역 (서울: 부흥과개혁사, 2013), 138.

 95. 하나님의 원수를 갚는 것은 무엇을 목적으로 하는 것인가요?

 하나님의 영광을 위하여!

하나님의 원수 갚는 것과 진노는 하나님의 백성에 대한 자비입니다.

시편 136:10, 15, 17-20 "애굽의 장자를 치신 이에게 감사하라 그 인자하심이 영원함이로다……바로와 그의 군대를 홍해에 엎드러뜨리신 이에게 감사하라 그 인자하심이 영원함이로다……큰 왕들을 치신 이에게 감사하라 그 인자하심이 영원함이로다 유명한 왕들을 죽이신 이에게 감사하라 그 인자하심이 영원함이로다 아모리인의 왕 시혼을 죽이신 이에게 감사하라 그 인자하심이 영원함이로다 바산 왕 옥을 죽이신 이에게 감사하라 그 인자하심이 영원함이로다."

완고한 죄인들이 장래의 형벌을 피할 수 없고, 그 형벌로부터 스스로를 구제할 수도, 그것을 견딜 수도 없다면 그들은 어떻게 되는 걸까요?

그들은 영원한 사망 속으로 완전히 가라앉을 것입니다.
📖 조나단 에드워즈, 《진노한 하나님의 손에 붙들린 죄인들》, 안보헌 역 (서울: 생명의말씀사, 2004), 22-29.

신약에서 지옥에 대해 예수님이 언급하신 곳은 어디인가요?

사복음서 곳곳에 나옵니다(마 5:22, 29-30, 18:8-9, 25:46; 막 9:43-48; 눅 16:23; 요 3:36, 5:24, 10:28).
📖 더글라스 A. 스위니, 오웬 스트라챈, 《조나단 에드워즈의 천국과 지옥》, 김찬영 역 (서울: 부흥과개혁사, 2012), 102.

죄 죽임과 중생은 어떤 관계가 있나요?

거듭나지 않으면, 사용할 수 있는 모든 수단을 동원하여 아무리 부지런히, 열심을 다해, 주의 깊게, 그리고 마음과 정신을 집중시켜 죄를 죽이려고 해도 결코 효과가 없습니다. 아무리 많은 치료법을 써도 헛수고입니다. 절대로 고침 받지 못할 것입니다.
📖 존 오웬, 《죄 죽임》, 김귀탁 역 (서울: 부흥과개혁사, 2013), 91.

 **96. 악인들을 멸하시며, 성도들에게 복을 주시는 목적은 무엇인가요?**

 하나님의 영광을 위하여!

로마서 9:22-23 "만일 하나님이 그의 진노를 보이시고 그의 능력을 알게 하고자 하사 멸하기로 준비된 진노의 그릇을 오래 참으심으로 관용하시고 또한 영광 받기로 예비하신 바 긍휼의 그릇에 대하여 그 영광의 풍성함을 알게 하고자 하셨을지라도 무슨 말을 하리요."

불신자들이 장차 받게 될 형벌은 무엇인가요?

하나님의 진노입니다.

설명 하나님은 악인들에게 자신의 진노를 쏟으실 것입니다. 악인들은 자신이 받을 진노를 스스로 쌓아 올립니다. 악인들은 진노의 그릇으로, 하나님이 부으시는 순수한 진노의 잔을 마시게 될 것입니다 (계 14:10; 겔 22:14; 살후 1:7-9; 히 10:31). 하나님은 악인을 영원히 추적하여 자신의 공의를 정확하게 실현시키실 것입니다.

📖 더글라스 A. 스위니, 오웬 스트라챈, 《조나단 에드워즈의 천국과 지옥》, 김찬영 역 (서울: 부흥과개혁사, 2012), 70.

제8장 심판 • **175**

죄 죽임을 위한 일반적 법칙은 무엇인가요?

1. 죄 죽임은 오직 신자만이 할 수 있습니다.
 "영으로써 몸의 행실을 죽이면"(롬 8:13). 이는 오직 신자에게 주어진 명령입니다. "그러므로 땅에 있는 (너희) 지체를 죽이라"(골 3:5). 그러면 누가 죄를 죽여야 하나요? "그리스도와 함께 다시 살리심을 받은"(골 3:1) 자들입니다.
2. 총체적인 순종을 위한 진실함과 부지런함이 없으면, 죄 죽임은 있을 수 없습니다(고후 7:1).
 고후 7:1 "하나님을 두려워하는 가운데서 거룩함을 온전히 이루어 육과 영의 온갖 더러운 것에서 자신을 깨끗하게 하자."

📖 존 오웬, 《죄 죽임》, 김귀탁 역 (서울: 부흥과개혁사, 2013), 92-93.

제9장

하나님 나라

 97. 주님의 재림의 목적은 무엇인가요?

 하나님의 영광을 위하여!

데살로니가후서 1:10-12 "그날에 그가 강림하사 그의 성도들에게서 영광을 받으시고 모든 믿는 자들에게서 놀랍게 여김을 얻으시리니 이는 (우리의 증거가 너희에게 믿어졌음이라) 이러므로 우리도 항상 너희를 위하여 기도함은 우리 하나님이 너희를 그 부르심에 합당한 자로 여기시고 모든 선을 기뻐함과 믿음의 역사를 능력으로 이루게 하시고 우리 하나님과 주 예수 그리스도의 은혜대로 우리 주 예수의 이름이 너희 가운데서 영광을 받으시고 너희도 그 안에서 영광을 받게 하려 함이라."

주님의 재림 전에 어떤 일들이 나타날까요?

1. 이단과 불신앙과 미신이 타파될 것입니다.
2. 적그리스도의 왕국이 완전히 전복될 것입니다.
3. 이슬람 제국도 완전히 전복될 것입니다.
4. 유대인들의 불신앙도 완전히 타파될 것입니다.
5. 사탄의 이교도 왕국도 전복될 것입니다.
6. 배교가 일어날 것입니다.

7. 이러한 일들이 세상 끝 날 직전에 일어날 것입니다. 백성 대다수가 그리스도와 교회로부터 멀어지게 됩니다.
8. 교회에 대한 반대가 심해집니다. 교회가 금방 완전히 무너질 것처럼 보일 정도로 절박한 위협을 당할 것입니다.
9. 심판을 위해 오실 그리스도를 간절히 요청하게 됩니다.
10. 이것이 주님의 재림 전에 일어날 일들입니다.

📖 조나단 에드워즈, 《구속사》, 김귀탁 역 (서울: 부흥과개혁사, 2014), 설교 26, 28, 29, 587-659.

그리스도의 재림 시에 어떤 일이 나타날까요?

1. 그리스도는 아버지의 영광으로 하늘 구름을 타고 거룩한 모든 천사와 함께 강림하실 것입니다.
2. 마지막 나팔 소리가 울리고, 죽은 자는 부활하고 살아 있는 자는 큰 변화를 경험할 것입니다.
3. 전체 교회의 성도들이 공중에서 주님을 영접하기 위해 구름 속으로 들려 올라가고, 모든 악인과 마귀들은 심판석 앞에 도열할 것입니다.
4. 공의가 선포되고, 원수들의 모든 악행은 밝히 드러날 것입니다.
5. 의인과 악인에게 판결이 내려질 것입니다.
6. 이때 그리스도와 그의 성도들의 교회와 그들을 섬겼던 모든 거룩한 천사들은 이 아래 세상을 떠나 가장 높은 하늘로 올라갈 것입니다.
7. 그들이 떠나면 세상은 불에 타 거대한 용광로가 되고, 그 안에서 그리스도 및 그의 교회의 모든 원수가 영원토록 고통당할 것입니다. 옛 뱀도 그에 합당한 형벌을 받을 것입니다(계 20:10).
8. 동시에 모든 교회는 영광스러운 주님이신 그리스도와 함께 가장 높은 천국에 들어갈 것입니다.
9. 이렇게 전체 구속 사역은 끝이 납니다.

📖 조나단 에드워즈, 《구속사》, 김귀탁 역 (서울: 부흥과개혁사, 2014), 설교 29, 646-650.

98. 하늘에 있는 성도들과 천사들의 목적은 무엇인가요?

하나님의 영광을 위하여!

천사들 역시 하나님의 영광을 찬양하며 그것을 드러내는 것을 그들의 삶의 목적으로 여기고 있습니다.

이사야 6:2-3 "스랍들이 모시고 섰는데 각기 여섯 날개가 있어 그 둘로는 자기의 얼굴을 가리었고 그 둘로는 자기의 발을 가리었고 그 둘로는 날며 서로 불러 이르되 거룩하다 거룩하다 거룩하다 만군의 여호와여 그의 영광이 온 땅에 충만하도다 하더라."

히브리서 1:1-7 "옛적에 선지자들을 통하여 여러 부분과 여러 모양으로 우리 조상들에게 말씀하신 하나님이 이 모든 날 마지막에는 아들을 통하여 우리에게 말씀하셨으니 이 아들을 만유의 상속자로 세우시고 또 그로 말미암아 모든 세계를 지으셨느니라 이는 하나님의 영광의 광채시요 그 본체의 형상이시라 그의 능력의 말씀으로 만물을 붙드시며 죄를 정결하게 하는 일을 하시고 높은 곳에 계신 지극히 크신 이의 우편에 앉으셨느니라 그가 천사보다 훨씬 뛰어남은 그들보다 더욱 아름다운 이름을 기업으로 얻으심이니 하나님께서 어느 때에 천사 중 누구에게 너는 내 아들이라 오늘 내가 너를 낳았다 하셨으며 또 다시 나는 그에게 아버지가 되고 그는 내게 아들이 되리라 하셨느냐 또 그가 맏아들을 이끌어 세상에 다시 들어오게 하실 때에 하나님의 모든 천사들은 그에게 경배할지어다 말씀하시며 또 천사들에 관하여는 그는 그의 천사들을 바람으로, 그의 사역자들을 불꽃으로 삼으시느니라 하셨으되."

요한계시록 5:11-14 "많은 천사의 음성이 있으니 그 수가 만만이요 천천이라 큰 음성으로 이르되 죽임을 당하신 어린 양은 능력과 부와 지혜와 힘과 존귀와 영광과 찬송을 받으시기에 합당하도다 하더라 내가 또 들으니 하늘 위에와 땅 위에와 땅 아래와 바다 위에와 또 그 가운데 모든 피조물이 이르되 보좌에 앉으신 이와 어린 양에게 찬송과 존귀와 영광과 권능을 세세토록 돌릴지어다 하니 네 생물이 이르되 아멘 하고."

99. 하늘에는 해와 달이 없다고 하는데 그러면 무엇으로 환한가요?

하나님의 영광을 위하여!

하나님의 영광으로 새 하늘과 새 땅은 환해집니다.

이사야 60:19-20 "다시는 낮에 해가 네 빛이 되지 아니하며 달도 네게 빛을 비추지 않을 것이요 오직 여호와가 네게 영원한 빛이 되며 네 하나님이 네 영광이 되리니 다시는 네 해가 지지 아니하며 네 달이 물러가지 아니할 것은 여호와가 네 영원한 빛이 되고 네 슬픔의 날이 끝날 것임이라."

요한계시록 21:23, 25 "그 성은 해나 달의 비침이 쓸 데 없으니 이는 하나님의 영광이 비치고 어린 양이 그 등불이 되심이라……낮에 성문들을 도무지 닫지 아니하리니 거기에는 밤이 없음이라."

요한계시록 22:5 "다시 밤이 없겠고 등불과 햇빛이 쓸 데 없으니 이는 주 하나님이 그들에게 비치심이라."

사람이 죽은 후에는 어떤 일이 일어나나요?

심판이 있습니다.

하나님은 잘 행한 것 또는 잘못 행한 것을 따라 상 또는 벌을 기대하는 본성적인 성향을 우리 안에 심어 놓으셨습니다(마 16:27, 6:19-20). 만일 이런 상과 벌이 없다고 한다면, 하나님이 우리 안에 상과 벌을 기대하는 성향을 갖도록 하신 것이 무슨 소용이 있겠습니까?(전집 10, 357)

심판에 대한 증언이 아무리 두려운 것이라고 할지라도(신 32장; 사 66장; 단 12장; 마 5, 10, 18, 23; 막 9장; 눅 12장; 요 5장; 갈 6장; 엡 5장; 살후 1장; 계 14, 20장), 믿지 않고 죽은 자들의 운명에 대한 안타까움이 성경에 대한 명백한 가르침을 파묻어 버리지 않도록 주의해야 합니다. 하나님의 공의는 하나님의 의로우심, 죄에 대한 하나님의 거룩한 마음에서 비롯됩니다. 거룩하지 않은 것은 반드시 하나님의 심판을 받습니다. 하나님의 심판은 옳고 신뢰할 수 있습니다(롬 3:19).
📖 더글라스 A. 스위니, 오웬 스트라챈, 《조나단 에드워즈의 천국과 지옥》, 김찬영 역 (서울: 부흥과개혁사, 2012), 52, 97.

 100. 하나님 나라에서 가장 중요한 일은 무엇인가요?

 하나님의 영광을 위하여!

요한계시록 11:13 "그때에 큰 지진이 나서 성 십분의 일이 무너지고 지진에 죽은 사람이 칠천이라 그 남은 자들이 두려워하여 영광을 하늘의 하나님께 돌리더라."

요한계시록 14:7 "그가 큰 음성으로 이르되 하나님을 두려워하며 그에게 영광을 돌리라 이는 그의 심판의 시간이 이르렀음이니 하늘과 땅과 바다와 물들의 근원을 만드신 이를 경배하라 하더라."

그리스도인에게 있어서 본향은 어디인가요?

천국입니다.

천국은 영광의 세계로, 신자의 모든 소망의 총체입니다(요 14장; 고후 5장; 히 11장; 계 21-22장). 천국은 사랑의 나라입니다. 천국은 하나님의 뜻대로 움직여지는 곳입니다. 천국에서 성도들은 그리스도의 구속 사역에 나타난 하나님의 측량할 수 없이 깊은 여러 지혜와 지식에 대해 그리고 찬란하게 나타난 하나님의 무한한 순결함과 거룩함에 대해 매우 분명하게 알게 될 것입니다. 천국에 있는 성도들은 그리스도 안에 있는 모든 것이 그리스도에 대한 자신들의 사랑을 가장 분명하고 영광스럽게, 조금의 무지나 오해 없이, 아무런 방해나 중단 없이, 불타오르게 하고, 기쁘게 하고, 만족시키는 것을 경험하게 됩니다(전집 25, 230). 하나님은 천국에서야 비로소 완전한 행복을 느끼도록 그렇게 사람의 마음을 지으셨습니다. 성도들은 천국에서 하나님을 섬김으로써 가장 큰 행복을 느끼게 될 것입니다.

📖 더글라스 A. 스위니, 오웬 스트라챈, 《조나단 에드워즈의 천국과 지옥》, 김찬영 역 (서울: 부흥과개혁사, 2012), 110, 113, 117, 126.

참고도서

- 더글라스 A. 스위니, 오웬 스트라챈, 《조나단 에드워즈의 천국과 지옥》, 김찬영 역, 서울: 부흥과개혁사, 2012.
- 정부홍, 《조나단 에드워즈의 생애》, 서울: 기독교문서선교회, 1999.
- 조나단 에드워즈, 《구속사》, 김귀탁 역, 서울: 부흥과개혁사, 2014.
- 조나단 에드워즈, 《균형 잡힌 부흥론》, 양낙흥 역, 서울: 부흥과개혁사, 2011.
- 조나단 에드워즈, 《기도 합주회》, 정성욱 역, 서울: 부흥과개혁사, 2014.
- 조나단 에드워즈, 《놀라운 부흥과 회심 이야기》, 백금산 역, 서울: 부흥과개혁사, 2014.
- 조나단 에드워즈, 《로마서 주석》, 김귀탁 역, 서울: 복있는사람, 2014.
- 조나단 에드워즈, 《목사, 성도들의 영혼 지킴이》, 이용중 역, 서울: 부흥과개혁사, 2010.
- 조나단 에드워즈, 《부흥론》, 양낙흥 역, 서울: 부흥과개혁사, 2013.
- 조나단 에드워즈, 《성령의 역사 분별 방법》, 노병기 역, 서울: 부흥과개혁사, 2013.
- 조나단 에드워즈, 《신앙감정론》, 정성욱 역, 서울: 부흥과개혁사, 2014.
- 조나단 에드워즈, 《조나단 에드워즈 대표설교 선집》, 백금산 역, 서울: 부흥과개혁사, 2013.
- 조나단 에드워즈, 《진노한 하나님의 손에 붙들린 죄인들》, 안보헌 역, 서울: 생명의말씀사, 2004.
- 조나단 에드워즈, 《참된 미덕의 본질》, 노병기 역, 서울: 부흥과개혁사, 2012.
- 존 오웬, 《그리스도의 영광》, 서문강 역, 서울: 지평서원, 2013.
- 존 오웬, 《시험》, 김귀탁 역, 서울: 부흥과개혁사, 2013.
- 존 오웬, 《신자 안에 내재하는 죄》, 김귀탁 역, 서울: 부흥과개혁사, 2013.
- 존 오웬, 《죄와 유혹》, 엄성옥 역, 서울: 은성, 2006.
- 존 오웬, 《죄와 은혜의 지배》, 이한상 역, 서울: 부흥과개혁사, 2012.
- 존 오웬, 《죄 죽임》, 김귀탁 역, 서울: 부흥과개혁사, 2013.
- 존 파이퍼, 《존 파이퍼의 하나님의 영광을 위한 하나님의 열심》, 백금산 역, 서울: 부흥과개혁사, 2013.
- 콘라드 체리, 《조나단 에드워즈의 신학》, 주도홍 역, 서울: 이레서원, 2001.

백문일답 "하나님의 영광을 위하여!"
조나단 에드워즈에게 신앙의 길을 묻다

1판 1쇄 인쇄 _ 2016년 5월 25일
1판 1쇄 발행 _ 2016년 5월 30일

엮은이 _ 양우광
펴낸이 _ 이형규
펴낸곳 _ 쿰란출판사

주소 _ 서울특별시 종로구 이화장길 6
편집부 _ 745-1007, 745-1301~2, 747-1212, 743-1300
영업부 _ 747-1004, FAX 745-8490
본사평생전화번호 _ 0502-756-1004
홈페이지 _ http://www.qumran.co.kr
E-mail _ qrbooks@gmail.com / qrbooks@daum.net
한글인터넷주소 _ 쿰란, 쿰란출판사
등록 _ 제1-670호(1988.2.27)
책임교열 _ 이화정, 박은아

© 양우광 2016 ISBN 978-89-6562-889-7 93230

책값은 뒤표지에 있습니다.
이 출판물은 저작권법에 의해 보호를 받는 저작물이므로 무단 복제할 수 없습니다.
파본(破本)은 구입처에서 교환해 드립니다.